ENTRE SOURCE ET NUAGE

« Spiritualités vivantes »

FRANÇOIS CHENG

de l'Académie Française

ENTRE SOURCE ET NUAGE

Voix de poètes dans la Chine
d'hier et d'aujourd'hui

Albin Michel

Albin Michel
▪ *Spiritualités* ▪

*Collections dirigées
par Jean Mouttapa et Marc de Smedt*

À Micheline

Marcher jusqu'au lieu où tarit la source ;
Et attendre, assis, que se lève le nuage.

Wang Wei

Avant-propos

C'est avec émotion que nous restituons ici les chants des grands poètes chinois d'hier et d'aujourd'hui. Ces voix, seuls trésors que nous ayons emportés avec nous au moment de quitter notre terre, seules lueurs qui nous ait tenu compagnie dans notre longue nuit, seuls guides enfin qui aient su nous initier à l'amour d'une autre terre et d'une autre langue – en l'occurrence la France et le français –, ces voix nous ont permis de nous réenraciner dans l'être, de chanter à nouveau. Une poésie vécue et réinventée donc, en ce sens que par elle, nous avons réinventé une vie, recréé une possibilité autre de vivre. Dès lors, nous ne nous interrogeons plus si ce qui est offert ici est valable ou non, l'ayant fait par nécessité vitale. À l'image de celui qui, après une grande catastrophe, ramasse dans la mémoire qui reste quelques débris irréductibles avant d'appeler, avec des cris jamais entendus par lui-même, au secours. À ceux qui approchent, il ne peut, en signe de reconnaissance, que rallumer cet étrange feu tremblant au sein de l'immensité désolée, afin de partager avec eux, perdus comme lui, les heures de solitude, ou de communion.

Le présent ouvrage n'est donc pas une anthologie chinoise comme il en existe déjà. C'est la part essentielle d'un héritage écrit que nous connaissons par cœur, et qui constitue néanmoins, à nos yeux, d'une poésie riche entre toutes, la meilleure part. Celle-ci est composée, le lecteur l'aura constaté, exclusivement des poètes de la dynastie des T'ang (618-907) et de celle des Sung (960-1279), considérées à juste titre comme l'âge d'or de la poésie classique chinoise. Les poètes de cette période, en effet, ont su continuer, en la magnifiant, une longue tradition dont l'origine remonte à presque mille ans avant notre ère. Durant quelque six siècles, grâce à un concours de circonstances favorables sur tous les plans, tant politique, économique que culturel, comme pour remplir une mission sacrée, les plus grands d'entre eux ont porté la création poétique à un degré d'intensité et d'accomplissement jamais atteint depuis. Au point que la poésie, en liaison avec la calligraphie et la peinture – appelées en Chine la Triple-Excellence – devient l'expression la plus haute de la spiritualité chinoise. On sait que cette spiritualité s'est nourrie de trois courants de pensée : le taoïsme, le confucianisme et le bouddhisme. À la fois opposés et complémentaires, s'interpénétrant sans cesse, ceux-ci contribuent à féconder la pensée chinoise en la douant d'un regard multiple et en l'empêchant de demeurer univoque et figée. À sa manière, la poésie participe de ce mouvement d'une pensée en continuelle transformation interne.

Elle débute environ mille ans avant notre ère avec le *Shih-ching* (« Livre des Odes »), un ensemble des chants produits essentiellement dans la « Plaine centrale » située au nord de la Chine et parcourue par le fleuve Jaune et son affluent la Huai. Cette poésie est caractérisée par son style dépouillé et concis, non épique, au rythme sobre et aux thèmes très proches de la vie réelle des hommes, leurs travaux des champs, leurs rites et fêtes, les joies et les peines qu'ils éprouvent, ainsi que leurs règles de conduite. Confucius lui-même et par la suite les confucéens se réclameront de cette tradition. Quelques siècles après le *Shih-ching* (vers le IIIe siècle avant notre ère), une autre poésie chantée a pris son essor dans le royaume de Ch'u, situé lui au cœur du bassin du fleuve Yang-tse, au centre-sud de la Chine, poésie fortement marquée par cette région à la végétation luxuriante et aux paysages par endroits féeriques ou fantastiques. D'inspiration chamaniste, au rythme long et incantatoire, débordants d'images rêvées ou mythiques, les chants de Ch'u sont avant tout une recherche de la communion avec les éléments de la nature transformés en autant d'esprits, et par là, une quête nostalgique du divin. Par leur tendance à donner libre cours à l'imagination, à s'affranchir des contraintes trop formelles, ils sont proches de l'esprit taoïste. Ainsi, dès son origine, la poésie chinoise ancienne, avec ces deux sources majeures, possède sa chance de se maintenir mouvante, ouverte. Plus tard, lorsque la Chine aura assimilé pleinement le bouddhisme, introduit en Chine vers le IVe siècle, une troisième source viendra se joindre aux deux sources originelles, en apportant la vision particulière qu'elle véhicule, notamment un certain accent mis sur la pure méditation et l'intériorité, une interrogation sur l'ultime salut.

À l'époque des T'ang où le pays, après l'effondrement des premiers empires Ts'in et Han et la longue période de désordre et de division dus aux invasions barbares, retrouve son unité, les trois courants de pensée, reconnus à présent comme base idéologique de la société, imprègnent les créations artistiques. Dans le domaine poétique, trois figures représentatives se détachent : Li Po, de tendance taoïste, épris de liberté, chante la communion totale avec la nature et les êtres ; Tu Fu, essentiellement confucéen, soucieux de l'engagement, exprime avant tout le destin douloureux de l'homme, mais également sa grandeur ; Wang Wei, l'adepte, vers la fin de sa vie, du bouddhisme Ch'an, fixe ses expériences méditatives dans des vers d'une parfaite simplicité. À côté de ces géants se trouvent bien d'autres poètes, contemporains à eux ou venus une ou deux générations après, qui exaltent, chacun à leur manière, les thèmes qui leur sont chers : un Meng Hao-jan et un Chiao Tao qui, en des vers dépouillés, révèlent leur désir d'évasion et de communion spontanée ; un Po Chü-i qui dénonce l'injustice sociale et décrit la souffrance des humbles en recourant à la forme du chant populaire ancien ; un Ch'ien Chi dont les chants rythmés, proches de l'incantation, se veulent un médium qui permet d'accéder au mystère de l'au-delà ; un Li Ho, hanté lui aussi par la vision de l'au-delà, par le monde des morts, dévoile, avec un accent pathétique, la tragique beauté de la vie terrestre ; un Li Shang-yin, chantre ardent de la passion de l'amour ; un Tu Mu et un Wen T'ing-yun qui, à la fin des T'ang, expriment toute la nostalgie d'un bonheur vécu ou rêvé, désormais inaccessible.

Sous les Sung, une certaine synthèse est faite sur le plan de la pensée, notamment par les philosophes néo-confucianistes qui tentent d'intégrer les apports du taoïsme dans leur conception cosmologique, et les éléments du bouddhisme dans leur théorie de la connaissance. À partir de cette synthèse, un nouveau type de lettré-artiste est né. Le représentant le plus éminent en est sans doute Su Tung-po dont la voix inspirée domine toute son époque, pourtant foisonnante de créations nouvelles.

Peu après lui, une autre voix, au milieu de tant d'autres, se fait entendre, la plus pure, la plus fine, la plus singulière aussi, celle de la poétesse Li Ch'ing-chao. Cette figure infiniment attachante, chère au cœur de tous les Chinois, honore la poésie chinoise par son chant frémissant de sensibilité, tout de nuances subtiles et de musicalité.

Au point de vue de la présentation, s'il paraît naturel de regrouper tous les poèmes d'un même poète sous le nom de celui-ci, ce classement, toutefois, a l'inconvénient de mélanger par trop les poèmes de forme et de genre différents. Car les poètes T'ang se servent d'un large éventail de formes poétiques dont chacune a des implications particulières, notamment à cause du système idéographique sur lequel elle est fondée. À ce propos, nous nous permettons de signaler un autre ouvrage[1] dans lequel nous nous sommes appliqué à étudier la poésie chinoise en tant que langage spécifique ; et les poèmes qui suivent cette étude ont été justement rangés selon leur forme et leur genre. Le lecteur intéressé peut le consulter. Dans le présent ouvrage, pour ne pas tomber dans la description rébarbative des règles de prosodie, nous nous contentons de donner ici quelques indications générales. Le poète T'ang dispose d'un éventail large de formes poétiques, d'abord les trois appartenant au style dit moderne qui obéit à des règles strictes (rime, césure, contrepoint tonal, parallélisme, etc.) : le *chüeh-chü* (« quatrain »), le *lü-shih* (« huitain ») et le *p'ai-lü* (« huitain prolongé ») ; puis celles appartenant au style dit ancien, c'est-à-dire toutes formes, savantes ou populaires, utilisées par les poètes avant les T'ang. Ce dernier style se caractérise par sa cadence plus souple, son ton plus déclamatoire et une allure plus libre permettant de plus longs développements et l'insertion d'éléments narratifs. Durant la seconde moitié des T'ang est né, dans le milieu des courtisanes que fréquentaient les poètes, un genre nouveau : le *tz'u* (« poésie chantée »). D'abord mineur, ce genre, fait de vers de longueur variable et au rythme très varié, acquerra son titre de noblesse grâce à l'œuvre de Li Yu, souverain du petit royaume du Sud qui a subsisté après l'effondrement des T'ang, et deviendra la forme majeure sous les Sung. Dans le présent ouvrage, pour chaque poète, nous présentons dans l'ordre, chaque fois qu'il y a lieu, les quatrains, les huitains et les poèmes plus longs.

Quel sera le destin futur de la poésie chinoise ? Nul doute qu'elle aura, elle aussi, à se réinventer. Que sa voie de salut passe par de nouvelles métamorphoses, lesquelles ne sauraient advenir que par des rencontres en profondeur avec d'autres sources poétiques. Tout comme dans le passé, la venue du bouddhisme provoqua la renaissance poétique des T'ang et des Sung, la confrontation avec d'autres poésies, notamment celle de l'Occident – cet extrême autre pour la Chine –, déjà amorcée depuis le début du siècle, devrait entraîner, comme irrésistiblement, un mouvement de renouveau. Depuis les années vingt d'ailleurs, ce mouvement est déjà amorcé avec des réalisations très accomplies ou chargées de promesses. Aussi, avons-nous cru utile, indispensable même, de terminer cet ouvrage, en le tournant vers l'ouvert, par une présentation assez complète de l'aventure de la poésie chinoise moderne, tout le long de ces soixante-dix années, traversées de bouleversements et de drames. Après tant de calamités et d'épreuves, c'est encore la voix des poètes qui porte le haut témoignage de cette flamme jamais éteinte qui brûle au cœur de l'homme chinois :

Nous avons bu tant de rosées
En échange de notre sang
Que la terre cent fois brûlée
Nous sait bon gré d'être vivants.

La poésie est, nous l'avons dit, appel au secours et recherche de communion. Notre cheminement, pour solitaire qu'il soit, est semé de rencontres et de partages. Tant d'êtres qui nous ont enrichi et sans qui nous ne serions pas. À chacun d'eux, nous disons notre gratitude.

Notre fille, Anne, a participé au présent ouvrage par ses traductions des deux grandes poétesses chinoises : Li Ching-chao et Ping Hsin.

CHANG JO-HSÜ

張若虛

(660-après 720)

Un des meilleurs représentants de la première période
des T'ang qui préparèrent l'avènement des grands poètes
de la période dite des « T'ang prospères ». Le poème
« Nuit de lune et de fleurs sur le fleuve printanier », long
de neuf strophes, est pratiquement le seul connu du poète.
Par sa façon ingénieuse d'insérer, dans un chant lyrique,
des interrogations de nature métaphysique et des éléments narratifs, cela à travers le rapport dialectique des
deux figures centrales : le fleuve et la lune, cette œuvre
est à juste titre célèbre. Le rythme des vers, au ton déclamatoire et aux phrases ciselées, trouve dans notre esprit,
comme naturellement, son équivalent en alexandrins.
Aussi avons-nous utilisé cette dernière forme pour la traduction du poème, alors que, de façon générale, sauf
coïncidence heureuse, nous évitons de le faire pour la
traduction d'autres poèmes.

Nuit de lune et de fleurs
sur le fleuve printanier

Au printemps les marées du fleuve rallient la mer ;
Sur la mer des marées jaillit soudain la lune.
De vague en vague, sans bornes, elle répand sa clarté
Est-il un coin du fleuve qui n'en soit éclairé ?

Le fleuve coule entourant les terres luxuriantes ;
La lune brille, que les bois partout embaument.
Givres portés par l'air, au vol inaperçu ;
Sable blanc des îlots, invisible au regard.

Fleuve et ciel confondus : teinte unie et sans tache.
La lune en plein éclat, roue solitaire, là-haut.
De la rive, qui la vit pour la première fois ?
Lune de fleuve, depuis quand luit-elle pour les hommes ?

Vie humaine, d'âge en âge ardemment poursuivie ;
Lune de fleuve tous les ans pareille à elle-même.
Comment savoir qui est l'être cher qu'elle attend ?
Ce que les hommes voient : l'eau que le fleuve écoule !

Un pan de nuage blanc vogue vers le lointain ;
Sur les verts sycomores, que de mélancolie !
Quel voyageur de nuit dans son fragile esquif ?
Quel logis sous la lune où l'on songe à l'absent ?

Hélas, sur le logis, la lune va et vient
Éclairant le miroir de femme esseulée.
Le rideau des croisées s'enroule sans l'écarter ;
Sur les pierres à linge, elle reste, immuable.

C'est l'heure où, à distance, on se voit, sans s'entendre ;
« Je veux suivre la lune et m'épandre sur toi. »
Oie sauvage, au long vol, n'apporte nul message ;
Poisson-dragon, nageant, ne fait que rider l'eau.

« Hier soir près de l'étang, j'ai vu les fleurs échoir.
Le printemps mi-passé, ne t'en reviens-tu pas ? »
Le fleuve coule, avec les eaux, s'écoule le temps ;
L'étang capte la lune qui vers l'ouest déjà penche.

Penchée, la lune se fond dans la brume marine ;
Infinie est la route de Chieh-shih à Hsiao-hsiang.
Ah, combien reviendront sous l'ultime clarté ?
En tombant la lune touche les arbres du long fleuve.

LI PO

(701-762)

Après Chang Jo-hsü, nous présentons, sans tarder, les trois grands poètes des T'ang, chacun d'eux incarnant un courant de pensée : Li Po le taoïste, Tu Fu le confucéen et Wang Wei l'adepte du bouddhisme Ch'an. Tous trois ont vécu l'époque heureuse où la Chine, après sa réunification et l'assimilation du bouddhisme, connaissait une prospérité économique et un épanouissement culturel sans précédent. Ils ont connu ensuite le terrible drame qu'était le régime corrompu et la rébellion de An Lu-shan qui a mis la Chine à feu et à sang, et a causé plusieurs millions de victimes. Dans leurs poésies, on trouve donc les aspirations les plus hautes et les témoignages les plus authentiques sur la condition humaine.

Li Po est considéré, aux côtés de Tu Fu, comme le plus grand poète chinois. Par sa liberté d'esprit et son extravagance, par son génie poétique, il est une des figures les plus exceptionnelles qui aient traversé l'histoire littéraire chinoise. Le poète Ho Chih-chang, lorsqu'il le voit pour la première fois, l'appelle l'« Immortel banni sur terre ». Grand buveur, cultivant l'esprit chevaleresque, puis adepte du taoïsme, Li Po se refuse à suivre la voie normale des mandarins et mène essentiellement une vie de bohème et de vagabondage. À vingt-cinq ans, il quitte le Ssu-ch'uan, sa province natale, pour voyager dans diverses provinces du Sud et du Nord (son mariage avec une jeune fille de grande famille le retient pendant un temps au bord du lac Tung-t'ing). En 742, présenté à la cour, il jouit d'une faveur inouïe ; mais ses audaces et la haine de ses adversaires ruinent bientôt son crédit. Impliqué, durant la rébellion de An Lu-shan, dans l'affaire du prince Lin, il est condamné au bannissement à Yeh-lang, à l'extrême sud de la Chine, puis gracié avant qu'il ne soit arrivé à destination. Selon la légende, il serait mort noyé, une nuit d'ivresse, en tentant de saisir le reflet de la lune dans le fleuve Yang-tse.

À un ami qui m'interroge

Pourquoi vivre au cœur de ces vertes montagnes ?
Je souris, sans répondre ; l'esprit tout serein.
Tombent les fleurs, coule l'eau, mystérieuse voie...
L'autre monde est là, non celui des humains.

Le mont Cuivre

J'aime le mont Cuivre
    c'est ma joie.
Mille ans j'y resterais,
    sans retour.
Je danse à ma guise :
    ma manche flottante
Frôle, d'un seul coup,
    tous les pins des cimes !

Buvant du vin avec un ami

Face à face, nous buvons ; les fleurs du mont s'ouvrent.
Une coupe vidée, une autre, et une autre encore...
Ivre, las, je vais dormir ; tu peux t'en aller.
Reviens demain, si tu veux, avec ta cithare !

Contemplant le mont Ching-t'ing

Les oiseaux s'envolent, disparaissent.
Un dernier nuage, oisif, se dissipe.
À se contempler infiniment l'un l'autre,
Il ne reste que le mont Révérence.

En descendant le fleuve
vers Chiang-ling [1]

Quitter à l'aube la cité d'Empereur Blanc,
    aux nuages irisés ;
Descendre le fleuve, jusqu'à Chiang-ling,
    mille li en un jour.
Des deux rives, sur les hautes falaises,
    sans répit crient les singes...
Mais d'une traite, mon esquif franchit
    dix mille chaînes de montagnes !

Adieu à Meng Hao-jan qui part
en barque pour Yang-chou

Vieil ami, me laissant à l'Ouest, au Pavillon de la Grue
    Jaune ;
Dans les fleurs vaporeuses d'avril, vous descendez à
    Yang-chou.
Voile solitaire, lointaine silhouette, bientôt dans l'azur se
    fond ;
Je ne vois plus que le Grand Fleuve frôlant le bord du
    ciel.

À une beauté rencontrée
en chemin

Le cheval blanc, altier, foule les fleurs tombées.
Ma cravache pendante frôle le carrosse aux Cinq-nuages
De la dame. Soulevant le rideau de perles, d'un sourire,
Elle montre, au loin, la maison rouge : « C'est là. »

Chant du chevalier errant[2]

Homme de Yan-nan, héros de la maison des Wu :
Luth bourré de plomb, poignard caché dans l'offrande.
À son bienfaiteur, il fit promesse de sa vie :
Rejetant d'un geste le mont T'ai, aussi léger qu'une
   plume !

Chanson du lac de l'automne

Cheveux blancs, longs de trois mille aunes.
Aussi longs : tristesse et chagrin.
Dans l'éclat du miroir, d'où viennent
Ces traces givrées de l'automne ?

Pensée nocturne

Devant mon lit clarté lunaire
Est-ce du givre couvrant la terre ?
Tête levée, je vois la lune ;
Yeux baissés songe au sol natal.

Temple du Sommet

Temple du Sommet, la nuit :
Lever la main et caresser les étoiles.
Mais chut ! baissons la voix :
Ne réveillons pas les habitants du ciel.

Singes blancs

Singes blancs en automne,
Dansants, légers comme neige :
Monter d'un bond dans l'arbre,
Et boire dans l'eau la lune.

Voyageur maritime

Voyageur maritime
En sa barque de vent,
– Oiseau fendant nuage –
Par-delà tout, s'efface.

À un ami qui part

Monts verts côtoyant les remparts du Nord,
Eau claire entourant la muraille à l'Est.
En ce lieu, nous devons nous séparer ;
Tu seras herbe, sur dix mille li, errante.

Nuage flottant, humeur du vagabond...
Soleil mourant, appel du vieil ami.
Adieu que disent les mains. Ultime instant :
On n'entend plus que les chevaux qui hennissent !

Sur l'air de « Pu-sa-man »

Ruban d'arbres, à l'horizon, brodé de brumes.
Ceinture de montagnes à la verte nostalgie.
Le crépuscule pénètre le pavillon :
Quelqu'un, là-haut, s'attriste.

Vaine atteinte, sur le perron de jade.
Les oiseaux se hâtent au retour.
Où donc, la voie de retour pour les hommes ?
Tant de kiosques, le long de la route, de loin en loin...

Lavé et parfumé

Si tu te parfumes,
    ne frotte pas ta coiffe ;
Et si tu te baignes,
    n'essuie pas ta robe.
Sache-le bien, le monde
    hait ce qui est pur.
L'homme à l'esprit noble
    cache son éclat.
Au bord d'une rivière
    est le vieux pêcheur :
« Toi, moi, à la source
    nous retournerons ! »

Banquet d'adieu
au pavillon Sieh T'iao

Le jour d'hier m'abandonne, jour que je ne puis retenir.
Le jour d'hui me tourmente, jour trop chargé d'angoisses.
Sur dix mille li, le vent escorte les oies sauvages ;
Face à l'ouvert : enivrons-nous dans le haut pavillon !
Comment oublier les nobles esprits, les génies de l'ère
    Chien-an,
Et le poète Sieh T'iao dont le chant pur hante ce lieu ?
Hommes libres, superbes, aux rêves sans limites :
Monter au firmament, caresser soleil-lune !
Tirer l'épée, couper l'eau du fleuve, elle coule de plus
    belle ;
Remplir les coupes, y noyer les chagrins, ils remontent
    plus vifs !
Rien qui réponde à nos désirs en ce bas monde.
Demain, cheveux au vent, en barque, nous voguerons !

Air ancien

À l'Ouest, ascension du Mont Sacré ;
M'attire l'Étoile brillante, au loin.
Une fleur de lotus dans sa main blanche,
Aérienne, elle foule le Grand Vide.
Sa robe arc-en-ciel aux larges ceintures
Flotte au vent frôlant les marches célestes.
Elle m'invite, sur la Terrasse des Nuées,
À saluer l'immortel Wei Shu-ch'ing.
Éperdu, ravi, je la suis dans sa course
Sur le dos d'un cygne. Voici la Voûte pourpre.
En me penchant : sur terre, les eaux de Luo-yang,
Troupes barbares aux files interminables.
L'herbe sauvage, regorgeant de sang, fume encore :
Loups et chacals portent des coiffes d'hommes !

Buvant seul sous la lune

Pichet de vin, au milieu des fleurs.
Seul à boire, sans un compagnon.
Levant ma coupe, je salue la lune :
Avec mon ombre, nous sommes trois.
La lune pourtant ne sait point boire.
C'est en vain que l'ombre me suit.
Honorons cependant ombre et lune :
La vraie joie ne dure qu'un printemps !
Je chante, et la lune musarde,
Je danse, et mon ombre s'ébat.
Éveillés, nous jouissons l'un de l'autre ;
Et ivres, chacun va son chemin...
Retrouvailles sur la Voie lactée :
À jamais, randonnée sans attaches !

TU FU

(712-770)

Tu Fu et Li Po – que la tradition désigne comme les deux plus grands poètes chinois – sont contemporains. Ils eurent l'occasion de se rencontrer (744-745) et de nouer une amitié à laquelle Tu Fu resta attaché toute sa vie (témoins, les nombreux poèmes qu'il adressa à son ami). Pourtant, on peut difficilement imaginer natures et destins plus différents. Face à la fougue et à la spontanéité de Li Po, profondément épris de la liberté taoïste, Tu Fu, sans être privé d'un sens aigu de l'humour, fut essentiellement grave, tourmenté et soucieux de s'engager selon l'idéal confucianiste. Alors que Li Po défia l'ordre établi avec désinvolture et connut tour à tour honneur exceptionnel et bannissement, Tu Fu, durant de longues années, chercha en vain à passer les examens officiels. Ses échecs successifs transformèrent son caractère. Durant la rébellion de An Lu-shan, il connut, en outre, les affres de l'exode, de la captivité et de la misère (l'un de ses enfants meurt de faim). Si, après la rébellion, il put goûter, au Ssu-ch'uan, une période de paix relative, celle-ci ne fut que de courte durée ; poussé par la nécessité de nourrir sa famille, il reprit sa vie d'errance et mourut seul, dans une barque, sur le fleuve Yang-tse. Par rapport à Li Po, qui recherche avant tout la joie dans l'ivresse, dans la communion avec la nature et le cosmos, Tu Fu ouvre un espace thématique plus complexe, où sont présents les drames humains. La différence entre les deux

poètes se reflète dans leur langage même : Li Po est sur-
tout à l'aise dans le ku-t'i *(« poésie à l'ancienne »), à*
l'allure plus libre et plus spontanée, tandis que Tu Fu est
incontestablement le grand maître du lü-shih *(« poésie*
régulière »), où il pousse l'art verbal et les recherches
formelles à un degré rarement atteint. Ces deux figures
exceptionnelles, apparemment opposées, mais en réalité
complémentaires, incarnent les deux pôles de la sensibi-
lité poétique chinoise.

Poète-témoin, Tu Fu aborde, dans le millier de poèmes
qu'on connaît de lui, tous les aspects de la vie chinoise,
ou de la vie humaine tout court ; en sorte que sa poésie
est devenue, d'une certaine manière, l'équivalent des
psaumes dans la tradition judéo-chrétienne. Pour chaque
moment et chaque circonstance, les Chinois trouvent un
poème adéquat à réciter, écrit on dirait pour tous et une
fois pour toutes. Par son verbe si proche, rendu plus pré-
sent encore par les idéogrammes qui sont demeurés
inchangés au cours des siècles, le poète est bien l'irrem-
plaçable Contemporain.

Seul à jouir de l'épanouissement
des fleurs au bord du fleuve[1]

I. Au bord du fleuve, miracle des fleurs, sans fin.
À qui donc se confier ? On en deviendrait fou !
Je vais chez le voisin, mon compagnon de vin :
Il est parti boire, dix jours déjà, son lit vide...

II. Non que j'aime les fleurs au point d'en mourir
Ce que je crains : beauté éteinte, vieillesse proche !
Branches trop chargées : chute des fleurs en grappes.
Tendres bourgeons se concertent et s'ouvrent en douceur.

En regardant le mont T'ai[2]

Voici le Mont des monts
  ah ! comment le dire ?
Couvrant Ch'i-Lu, verdure
  à perte de vue.
Création, cristallisant
  la grâce divine ;
Ubac et adret découpent
  aube et crépuscule.

Gorge frémissante : où naissent
  les nuages épais ;
Regards tendus : où pénètre
  l'oiseau de retour.
Que n'atteint-on, un jour,
  le dernier sommet ?
D'un regard : tous les monts
  soudain amoindris !

Chevaux barbares
de l'officier Fang

Cheval de Ferghana, barbare :
Souple ossature aux angles tranchants.
Oreilles dressées en bambous taillés ;
Pattes légères que soulève la brise...

Là où tu vas, rien ne t'arrête ;
Ma vie te confierais, et ma mort !
Haut coursier, nos rêves partagés :
Sur mille li fendre l'espace ouvert !

Printemps captif[3]

Pays brisé
  fleuves et monts demeurent ;
Ville au printemps,
  arbres et plantes foisonnent.
Temps de malheur
  arrache aux fleurs des larmes ;
Aux séparés,
  oiseau libre blesse le cœur.

Flammes de guerre
  font rage depuis trois mois.
Mille onces d'or :
  prix d'une lettre de famille !
Rongés d'exil,
  mes cheveux blancs se font rares,
Bientôt l'épingle
  ne les retiendra plus.

Nuit de lune

À ma femme

Cette nuit, la lune brille sur Fu-chou ;
Tu es toute seule à la contempler.
De loin, je chéris les enfants, trop jeunes
Pour savoir se rappeler Longue-paix.

Chignon de nuage au parfum de brume,
Bras de jade dont émane la pure clarté...
Quelle nuit, près de quel rideau, la lune
Séchera nos larmes enfin mêlées ?

Pai-ti [4]

Dans Pai-ti, les nuages franchissent les portiques.
Sous Pai-ti, la pluie tombe à faire crouler le ciel.
Haut fleuve, gorge étroite : éclair et tonnerre se combattent.
Arbres verts, grises lianes : soleil et lune s'éclipsent.

Chevaux de guerre plus inquiets que chevaux de paix.
Sur mille foyers, il n'en reste qu'une centaine.
Dépouillée jusqu'aux os, une femme crie sa peine,
Dans quel village perdu, sur la plaine d'automne ?

Lamentation sur Ch'en-t'ao

Le sang des jeunes venant des dix contrées
Emplit les froids marécages de Ch'en-t'ao.
Longue plaine, ciel désert, les cris se sont tus :
Quarante mille volontaires péris en un jour.

Les Tartares sont là, leurs flèches lavées dans le sang,
Ils boivent, hurlant, sur la place du marché.
Le peuple, vers le nord, les yeux brûlés de larmes,
Jour et nuit, guette l'arrivée de l'armée.

Ballade

Quand on tend son arc
   faut le tendre fort !
Quand on prend sa flèche,
   faut la choisir longue !
Avant d'attaquer,
   visons le cheval.
S'il faut des captifs,
   saisissons le chef.

Dans la tuerie,
   il y a une limite.
À chaque pays
   ses propres frontières :
Pourvu qu'on repousse
   les envahisseurs !
À quoi bon alors
   massacrer sans fin ?

Bonne pluie,
une nuit de printemps[5]

La bonne pluie tombe à la bonne saison :
Amène le printemps, fait éclore la vie.
Au gré du vent, se glissant dans la nuit,
Sans bruit elle humecte toutes choses...

Sentiers broussailleux, noyés dans les nuages.
Seul, sur le fleuve, le fanal d'une barque.
L'aube éclaire les lieux rouges et trempés :
Fleurs alourdies sur Mandarin-en-pourpre !

Village près d'une rivière[6]

Eau claire, méandres enserrant le village.
Longues journées d'été où tout est poésie.
Sans crainte, vont et viennent les couples d'hirondelles ;
Les mouettes, les unes contre les autres, dans l'étang.

Ma vieille épouse dessine un échiquier sur papier.
Mon fils, pour pêcher, tord son hameçon d'une aiguille.
Souvent malade, je cherche les plantes qui guérissent :
Quoi d'autre peut-il désirer, mon humble corps ?

À mon invité

Au nord au sud du logis, eaux printanières,
M'enchante tous les jours l'arrivée des mouettes.
Le sentier fleuri n'a point été balayé ;
La porte de bois, pour vous enfin, est ouverte !

Loin du marché, la saveur des plats est bien pauvre.
Dépourvu, je ne puis offrir que ce vin rude :
Acceptez-vous d'en boire avec mon vieux voisin ?
Appelons-le, par la haie, pour en vider le reste !

Poème envoyé à Tso
après son retour à la montagne [7]

Sous la rosée blanche, les millets sont mûrs.
L'ancienne promesse fut de les partager.
D'ores et déjà fauchés et moulus fins,
Pourquoi tarde-t-on à me les envoyer ?

Si leur goût ne vaut pas les chrysanthèmes d'or,
Leur parfum se marie avec le bouillon de mauves :
Nourriture qu'aimait jadis le vieil homme.
Tiens, à y penser, l'eau me monte à la bouche !

Rentrant seul la nuit,
après avoir croisé un tigre

Rentrant à minuit, j'ai échappé au tigre.
Sous le mont noir, à la maison, tous dorment.
La Grande Ourse, au loin, s'incline vers le fleuve ;
Là-haut, l'Étoile d'Or, en plein ciel, s'agrandit.

Tremble, dans la cour, cette bougie à deux flammes...
Je sursaute au cri du singe, venu des Gorges.
Tête blanche, encore en vie, je chante, je danse,
Sur ma canne, sans me coucher. Et puis quoi ! ?

Chiang et Han

Sur le Chiang et la Han, le voyageur rêve du retour
– Lettré démuni errant entre ciel et terre.
Minces nuages : toujours plus loin, dans l'espace.
Longue nuit : plus solitaire avec la lune.

Au soleil couchant, un cœur qui brûle encore ;
Dans le vent d'automne, un corps presque guéri...
Aux temps anciens, on ne tuait pas le vieux cheval :
Il avait d'autres dons que de courir longue route !

Écrit nocturne du voyageur[8]

Rive aux herbes menues. Brise légère.
Barque au mât vacillant, seule dans la nuit.
S'ouvre la plaine aux étoiles suspendues ;
Surgit la lune, pressant les flots du fleuve.

L'homme laisse-t-il un nom par ses seuls écrits ?
Vieux, malade, que le mandarin s'efface !
Errant, errant, à quoi donc ressemblai-je ?
– Mouette des sables entre ciel et terre.

Phénix rouge[9]

Regardez, dominant tous les monts, le mont Heng !
À sa cime un phénix rouge aux cris déchirants.
Il scrute en vain autour : où sont-ils ses semblables ?
Épuisé de douleur, ailes closes, il se tait.

Tant de ses oiseaux-frères sont pris dans les rets.
Qui peut s'en échapper ? Pas le moindre moineau !
Son désir : partager enfin tout avec tous.
Qu'importent les courroux et les haines des rapaces !

P'eng-ya

À l'arrivée des Tartares, nous fuyions
Vers le Nord, affrontant mille dangers.
Nuit profonde sur la route de P'eng-ya ;
La lune brillait sur les monts de l'Eau-pâle.
Tous hagards, après une si longue marche,
Et honteux, quand nous rencontrions quelqu'un.
Croassement des corbeaux au fond des ravins,
Pas une âme allant en sens inverse...
De faim, ma petite fille me mordait,
Ses pleurs auraient éveillé tigres et loups ;
En vain l'étouffai-je contre ma poitrine :
Se débattant, elle criait de plus belle !
Mon fils avait à peine l'âge de raison,
Il réclamait à croquer des prunes sauvages.

Sur dix jours, cinq frappés d'orages.
Main dans la main, munis de rien,
Nous traînions nos pas dans la boue :
Chemins glissants, nuits glaciales...
Souffrants, épuisés, nous parcourions
Moins de dix lieues en une journée.
Fruits amers – notre seul aliment,
Branches basses – notre unique abri.
Le matin, tombant sur des pierres humides ;
Le soir, cherchant une fumée à l'horizon.
Après un bref arrêt au val T'ung-chia,
Nous franchissons la passe Lu-tzu :
Sun Fu-tzû, mon ancien ami,
Sa bonté atteignit les nuages !
Tard dans la nuit, il nous accueillit.

On ralluma les lampes, on ouvrit les portes,
On apporta l'eau chaude pour les pieds,
Brûla les papiers pour rappeler l'âme errante...
Émus aux larmes, la femme de Sun
Et ses enfants viennent vers nous ;
Je réveille les miens, écrasés de sommeil,
Nous mangeons, de bon cœur, le reste des plats.
« En souvenir de cette rencontre, nous dit Sun,
Jurons d'être frères pour l'éternité. »
On aménagea la salle où nous étions assis,
Pour qu'à l'aise nous puissions y vivre.
Qui eût pu, en ces temps d'épreuves
M'ouvrir son cœur, m'offrir son pain ?
Un an déjà, depuis notre séparation :
Les Barbares ravagent toujours nos terres.
Mon désir ? Avoir des ailes puissantes,
M'envoler et m'abattre devant toi !

L'officier-recruteur de Shih-hao

Je passe la nuit au village de Shih-hao ;
Un recruteur vient s'emparer des gens.
Escaladant le mur, le vieillard s'enfuit ;
Sa vieille femme va ouvrir la porte.
Cris de l'officier, combien coléreux !
Pleurs de la femme, si pleine d'amertume...
Elle parle enfin. Je prête l'oreille :
« Mes trois fils sont envoyés à Yeh-ch'eng.
L'un d'eux a fait parvenir une lettre :
Ses frères viennent de mourir au combat.
Le survivant tentera de survivre ;
Les morts, eux, sont disparus à jamais !
Dans la maison, il n'y a plus personne,
À part le petit qu'on allaite encore ;
C'est pour lui que sa mère est restée,
Pas une jupe entière pour se présenter !
Moi, vieille, j'ai l'air faible,
Je demande à vous suivre. Déjà,
Aux corvées de He-yang, je peux
Faire le repas du matin... »

Au milieu de la nuit, les bruits cessent.
On entend comme un sanglot caché.
Le jour pointe, je reprends ma route ;
Au vieillard seul, j'ai pu dire adieu.

En rêvant de Li Po [10]

La mort me ravit un ami : je ravale mes sanglots.
Si la vie m'en sépare, je le pleure sans cesse.
Sud du fleuve : terre infestée de fièvres, de pestes.
L'homme exilé n'envoie plus de nouvelles...

Tu es apparu dans mon rêve,
Sachant combien je pense à toi !
Oiseau pris dans un rets sans faille,
Comment t'es-tu donc envolé ?

L'âme est-elle vraiment vivante ?
Si longue la route, pleine de périls...
L'ombre surgit : sycomores verts.
L'ombre repart : passes obscurcies.

La lune errant entre les poutres,
Éclaire encore une silhouette...
Sur le fleuve aux vagues puissantes,
Prends bien garde aux monstres marins !

WANG WEI

王 維

(701-761)

Wang Wei (701-761). L'un des artistes les plus doués de la dynastie. Il excelle aussi bien dans la poésie que dans la peinture et la musique. Chin-shih[1] en 721, il commence une carrière qui s'annonce brillante (l'empereur Hsuan-tsung le nomme secrétaire d'État) ; et, en effet, elle eût été parfaite sans la rébellion de An Lu-shan, durant laquelle Wang Wei est contraint de servir les rebelles, ce qui lui vaut, la paix revenue, un bref séjour en prison. Adepte du bouddhisme, c'est un méditatif raffiné. Il porte la peinture et la poésie à un haut degré de vision intérieure. Il passe sa vieillesse à composer des poèmes et à peindre, en compagnie de ses amis (entre autres, P'ei Ti), dans sa villa de Wang-ch'uan, au pied du mont Chung-nan.

La gloriette aux bambous

Seul assis au milieu des bambous,
Je joue du luth et chante à mesure ;
Ignoré de tous, au fond des bois.
La lune s'est approchée : clarté.

Dans la montagne

Rochers blancs surgissent des eaux de Ching.
Feuilles rouges, çà et là, dans le ciel froid.
Il n'a pas plu sur le sentier de montagne ;
Seul l'azur du vide mouille nos habits.

Clos aux cerfs

Montagne vide. Plus personne en vue.
Seuls échos des voix résonnant au loin.
Rayon du couchant dans le bois profond :
Sur les mousses un ultime éclat : vert.

Le talus aux magnolias

Au bout des branches, fleurs de magnolias,
Dans la montagne ouvrent leurs rouges corolles ;
– Un logis, près du torrent, calme et vide –
Pêle-mêle, les unes éclosent, d'autres tombent.

Cascades au chant d'oiseau

Repos de l'homme. Chute des fleurs de canneliers.
Nuit calme, de mars, dans la montagne déserte.
Surgit la lune ; effrayé, l'oiseau crie :
Échos des cascades printanières...

La digue aux cormorans

À peine plongé entre les lotus rouges,
Le voilà qui survole la berge claire :
Soudain, poisson au bec, plumes tendres,
Seul sur une branche, là, flottant.

Sur la haute Tour

Sur le haut de la Tour, pour dire adieu :
Fleuve et plaine perdus dans le crépuscule.
Sous le couchant, reviennent les oiseaux ;
L'homme, lui, cheminera, toujours plus loin.

Le lac I[2]

Soufflant dans ma flûte, face au couchant,
J'accompagne mon seigneur jusqu'à la rive.
Sur le lac, un instant se retourner :
Montagne verte entourée de nuage blanc.

Le mont Chung-nan[3]

Faîte suprême, proche de la Cité-céleste,
De mont en mont s'étendant jusqu'à la mer.
Contemplés, les nuages blancs ne font plus qu'un ;
Pénétrés, les rayons verts soudain s'effacent.

Couronné d'astres, tourne le pic central ;
Embrassant Yin et Yang ondoient les vallées
Descendre et chercher un gîte pour la nuit :
Par-dessus le ruisseau, parlons au bûcheron.

Mon refuge au pied
du mont Chung-nan[4]

Au milieu de l'âge, épris de la Voie.
Sous le Chung-nan, j'ai choisi mon logis.
Quand le désir me prend, seul je m'y rends :
Seul aussi à jouir d'ineffables vues...

Marcher jusqu'au lieu où tarit la source,
Et attendre, assis, que se lèvent les nuages.
Parfois, errant, je rencontre un ermite :
On parle, on rit, sans souci du retour.

À la campagne au printemps

Sur le toit printanier roucoule la tourterelle.
Près du village éclatent les fleurs d'abricotiers.
On élague à la hache les branches de hauts mûriers ;
Une houe sur l'épaule quelqu'un guette l'arrivée des
    sources.

L'hirondelle de retour reconnaît son vieux nid ;
L'homme ancien examine le nouveau calendrier.
La coupe près des lèvres, soudain, je ne peux boire :
Une pensée nostalgique pour l'ami en voyage.

Improvisé durant mon séjour
en montagne

Calme solitude derrière la porte de bois close.
Face aux lueurs du couchant dans l'immense paysage.
Sur les hauts pins partout nichent les grues ;
Rares sont ceux qui fréquentent les logis rustiques.

Les rouges lotus dépouillent leurs vieux pétales ;
Les pousses de bambou recèlent de fraîches poudres.
À l'embarcadère en bas les lanternes sont allumées ;
Çà et là rentrent les cueilleurs de macles.

Soir d'automne en montagne

Pluie nouvelle dans la montagne déserte,
Air du soir empli de fraîcheur d'automne.
Aux rayons de lune s'ouvrent les branches de pin ;
Une source pure caresse les rochers blancs.

Frôlant les lotus, passent quelques barques de pêcheurs ;
Rires entre les bambous : c'est le retour des lavandières.
Ici et là, rôde encore le parfum du printemps...
Que ne demeures-tu, toi aussi, noble ami ?

Voyage à la frontière

Char solitaire sur les routes des frontières :
Long-jour passé, voici les pays soumis.
Herbes errantes hors des murailles des Han,
Oies sauvages perdues dans le ciel barbare.

Désert immense : s'élève droit une fumée ;
Fleuve sans fin : se pose le rond du couchant.
À la passe Désolation, enfin, une patrouille :
Le Quartier général ? – au mont Hirondelles !

Chasse

Vibrent les cordes des arcs dans le vent ;
Le général chasse à l'entour de Wei-ch'eng.
Herbes rases : œil d'aigle plus perçant.
Neige fondue : pattes de cheval plus lestes.

Passant au galop le Marché d'Abondance,
On regagne, joyeux, le Camp des Saules-fins.
À l'horizon, là où tombent les vautours,
Sur mille li s'étalent les nuages du soir.

En passant
par le temple du Parfum-caché

Qui le connaît, le temple du Parfum-caché ?
À plusieurs li d'ici, sur un pic nuageux...
Sentiers à travers l'antique forêt : nulle trace.
Au cœur du mont, sons de cloche, venant d'où ?

Bruits de sources, sanglots de rocs dressés ;
Teinte du soleil, fraîchie entre les pins.
Au soir, sur l'étang désert, méditant le Ch'an,
Quelqu'un apprivoise le dragon venimeux.

À monsieur le magistrat Chang

Sur le tard, je n'aime que la quiétude.
Loin de mon esprit la vanité des choses.
Dénué de ressources, il me reste la joie
De hanter encore ma forêt ancienne.

La brise des pins me dénoue la ceinture ;
La lune caresse les sons de ma cithare.
Quelle est, demandez-vous, l'ultime vérité ?
Chant de pêcheur, dans les roseaux, qui s'éloigne...

MENG HAO-JAN

孟浩然

(689-740)

Après son échec aux examens officiels, Meng Hao-jan mène une vie d'errance et d'ermite, principalement dans la province du Hu-pei. Sa poésie, d'inspiration taoïste et bouddhiste, écrite dans un langage simple et épuré qui reflète bien son style de vie, fait l'admiration de ses contemporains et amis parmi lesquels comptent Li Po et Wang Wei.

Aube de printemps

Le sommeil printanier ignore l'aube,
On se réveille aux appels des oiseaux.
Nuit passée, bruissement de vent, de pluie ;
Que de pétales, déjà, ont dû tomber...

Passant la nuit sur le fleuve Chien-teh

Dans les brumes, près de l'île, on amarre la barque.
Au crépuscule renaît la nostalgie du voyageur.
Plaine immense : le ciel s'abaisse vers les arbres ;
Fleuve limpide : la lune s'approche des humains.

Passant la nuit
dans l'ermitage de Maître Yeh
et attendant l'ami Ting Ta
qui tarde à venir

Le soleil couchant enjambe la colline de l'Ouest,
Les vallées en un clin d'œil s'assombrissent.
Entre les pins la lune fait naître la fraîcheur.
L'ouïe humaine s'emplit alors de vent et de source.

Les bûcherons regagnent en hâte leurs logis ;
S'immobilisent sur les branches les oiseaux de brume.
Espérant encore ta venue, dans la nuit je m'attarde ;
Au bout du sentier herbeux, seule compagne, une cithare.

Offrande à Chu Ta qui se rend au Ch'in

À toi, errant, en partance pour Cinq-tumulus,
Que puis-je offrir sinon cette épée que j'ôte
De mon flanc – plus que l'or elle vaut –
Un cœur droit y bat, fidèle marque de ma vie !

Voguant sur la rivière Yeh

Le soleil déclinant envoie un reste de sa clarté.
La rame de la barque frôle les îlots de la rivière.
Quelle merveille toutes choses portées par l'eau claire
Et c'est pur délice d'évoluer au milieu d'elles...

Portant cheveux blancs, le vieux pêcheur à la ligne ;
En habit neuf, la jeune lavandière sur la rive.
Leurs regards se croisent – il leur semble se connaître –
Dans le silence pudique, que de paroles échangées !

Cellule de I-kung
dans le temple de Ta-yü

Maître I, pratiquant l'esprit Ch'an,
A sa demeure sur un mont boisé.
Volets ouverts : le haut pic s'élance ;
Devant le seuil, ondoient les vallées.

À l'heure du couchant nimbée de pluie,
L'ombre verte s'étend sur la cour.
Épouser la pureté d'un lotus ;
Son âme que nulle boue n'entache.

Chez un vieil ami

Mon vieil ami m'invite dans sa campagne
Où sont déjà préparés poulets et millets.
Rangées d'arbres clôturant le village ;
Hors des remparts s'incline le mont bleu.

La table est mise devant la cour ouverte ;
Coupe à la main, on cause mûriers et chanvres.
C'est entendu : à la fête du Double Neuf,
Je reviendrai, pour jouir des chrysanthèmes.

WANG CHANG-LING

王昌齡

(698-765 ?)

*Membre éminent d'un groupe de poètes dont firent par-
tie Kao Shih et Wang Chih-huan. Il était d'un esprit trop
libre pour être à l'aise dans le fonctionnariat où il fit pourtant une brillante carrière militaire. Certains de ses
poèmes (quatrains et ballades), évoquant des scènes de vie
à la frontière, le rendirent célèbre. D'autres pièces font
montre d'une sensibilité pleine de subtiles nuances. Il périt
de mort violente durant la rébellion de An Lu-shan.*

Complainte du palais

Jeune femme en son gynécée ignorant la tristesse ;
Jour de printemps, parée, elle monte sur la haute tour.
Éblouie par la couleur des saules le long du chemin,
Soudain regret : de l'époux parti chercher les honneurs...

Rencontre avec un moine

Une cour emplie de fleurs de palmier ;
Des mousses pénétrant la chambre oisive.
De l'un à l'autre toute parole a cessé,
Dans l'air flotte un étrange parfum.

À la frontière

Abreuvant mon cheval j'entre dans la rivière d'automne ;
Glaciale est l'eau, et le vent me lacère la peau.
Sur l'étendue de sable s'attarde le soleil couchant ;
Le jour qui décline laisse voir au loin Lin-t'ao.

Jadis, on livrait batailles à la Grande Muraille,
Mû par l'irrépressible volonté de vaincre.
Que de siècles recouverts de poussière jaune !
Seuls de blancs ossements fleurissent la savane.

CH'IEN CH'I

(722-780 ?)

Contemporain des plus grands, ami de Wang Wei, son nom est un peu éclipsé par ceux-ci. Il demeure néanmoins très connu et figure parmi les « Dix Éminents » de l'ère Ta-li. De sensibilité mystique, il croit au pouvoir « chamanique » (ou « orphique ») de la poésie, dont le rythme est capable de pénétrer l'Obscur, d'émouvoir les Esprits et d'animer la Nature de l'intérieur.

Dédié à l'ermite Ts'ui

Sentier aux simples, tapis de mousse rouge.
Fenêtre en montagne, regorgeant de verdure...
J'envie ton vin au milieu des fleurs :
Ces papillons qui voltigent dans ton rêve.

La grue des champs

La grue des champs aspire au bleu du ciel.
Elle s'élève dans l'air sans l'aide du vent.
Volant seule derrière le frêle esquif d'un nuage
Tôt ou tard elle rejoindra son compagnon.

Assis seul dans mon ermitage

Au pied du logis un sentier longe la rivière Tigre.
Les brumes lumineuses se déchirent vers le soir.
La porte de bois s'ouvre sur le calme des bambous ;
Accompagné de la lune de montagne, arrive le moine...

L'eau de l'étang au lotus rouge purifie le cœur.
Par-delà les mots, la saveur du thé d'émeraude.
Bientôt, l'aurore ourlera le mont de l'Est ;
Volontiers vers l'Ouest s'incline la Voie lactée.

Passant la nuit
en compagnie d'un pêcheur
sur la rivière Lan-t'ien

Seul en voyage, maintes fois j'oublie le retour.
D'autant moins je le regrette quand le lieu est reclus.
Trempant mes cheveux dans la source fraîche et claire
Longuement je me laisse retenir par la clarté lunaire.
Attirante est la figure du vieux pêcheur, là,
Calme et immobile, pareil à l'aigrette sur le sable.
En partage nous n'avons qu'un cœur de nuage blanc,
Ensemble nous savourons l'espace sans limite.
Parmi les roseaux, les feux peu à peu s'éteignent ;
Bientôt les monts d'automne accueilleront l'aube.
Destin des oiseaux qui s'assemblent puis se séparent :
En leur errance n'est-il jamais de retrouvailles ?

Envoi à Wang Wei
lors de ma randonnée au Wang-ch'uan

Jamais lassé de la marche dans la montagne
Ainsi j'avance au gré de mes seuls plaisirs,
M'égarant volontiers dans de verts sentiers,
Ma pensée tendue vers la cime auréolée.
Une cigogne me guide pour traverser l'eau ;
Un singe m'appelle du fond du bois.
Je lave mon habit dans la source limpide
Et chaque pas m'apporte une nouvelle fraîcheur.
Noble ami, où est-il en cet instant ?
Hors des nuages, coqs et chiens se font entendre.
M'arrêtant, je cueille une tige de chanvre ;
La lune veillera à notre rencontre !

Poème pour l'ermitage
de Maître Chun

Gravissant le mont en direction de la pure clarté,
Pas à pas on pénètre la nature non révélée.
Les rayons du couchant éclairent les flots du fleuve ;
Là-haut dans le firmament se purifient mille cimes.
La Porte de Pierre garde toute la beauté de l'heure,
Alors que du crépuscule émerge déjà la lune.
Montant toujours vers la chaumière de Maître Lointain,
Une sente suspendue au flanc du pic solitaire...
À travers nuages voici la lueur de la lampe ;
Sous les pins se font entendre les pierres musicales.
Face à face, hôte et visiteur hors de la parole,
Le cœur palpitant soudain gagné par la paix du Ch'an.

Le Maître de Hsiang
joue du luth

Le jeu de son luth aux Nuages-harmonieux
Fait entendre le chant de la Déesse des Eaux.
Au cœur du Vide danse alors le Dieu du Fleuve,
Le voyageur de Ch'u est submergé par l'écoute.

Accents poignants à faire fondre pierre et or,
Pure mélodie qui pénètre le mystérieux Obscur.
Les verts platanes poussent d'intenses soupirs ;
D'étranges fragrances émanent des iris blancs.

L'eau vive en passant caresse les berges du Siang ;
Un vent plaintif effleure les ondes du Tung-T'ing.
La musique achevée, toute présence effacée ;
Seuls quelques monts, sur la rivière, bleuissent.

Contemplant du haut d'un mont
la mer sous la pluie
et pensant aux moines
du monastère Yu-lin

Pluie sur la mer :
   Les écumes ébranlent les arbres embrumés.
Au cœur du chaos,
   Le sombre archipel est prêt à s'envoler...
Démon des eaux :
   Neuf têtes éclatées dans le cosmos en colère.
Voies des nuages :
   Soudain démantelées par les vagues déchaînées.
Pensée tendue :
   Vers le lointain des hommes vrais.
Trop frêle, l'esquif :
   Comment donc réussir la traversée ?
Désir ardent
   D'atteindre l'Île du Mont-pourpre.
Oiseau géant,
   Comme j'épouse ton vol fulgurant !

WEI YING-WU

丰应物

(736 ?-830 ?)

Originaire de Ching-chao, près de la capitale Ch'ang-
an. D'abord officier de la garde impériale, puis fonction-
naire civil en province, il n'a de cesse de rechercher
l'amitié des moines et des ermites, ainsi que des moments
de méditation et de solitude. Une des plus importantes
figures de la génération qui suit immédiatement celle des
grands poètes des « T'ang prospères ».

La rivière de l'ouest
à Ch'u-chou[1]

Au bord de l'eau, seul à chérir les herbes cachées ;
Un loriot jaune chante au profond des feuillages.
Chargée de pluie, monte, au soir, la crue printanière.
L'embarcadère désert : une barque à la dérive...

Nuit d'automne :
envoi à mon ami Ch'iu

Nuit d'automne. Psalmodiant sous le ciel frais,
Je déambule, ma pensée tendue vers toi.
Chute de pommes de pin dans ta montagne vide :
Toi aussi, en cet instant, hors sommeil, tout ouïe...

Sur le mont Lang-ya

Au Portail-rocheux, nulle trace sur la neige ;
Seul l'encens se mêle encore aux brumes du val.
Restes du repas, dans la cour : un oiseau descend.
Haillons accrochés au pin : le vieux bonze est mort.

Envoi à un moine taoïste
dans la montagne

Ce matin le froid hante mon studio citadin ;
Ma pensée se porte vers l'ami dans la montagne.
Je le vois ramasser des fagots près du ruisseau,
Puis revenir à son logis cuire les pierres blanches.

Que n'emportai-je avec moi un pichet de vin
Pour lui tenir compagnie un soir de vent-pluie.
Comment donc repérer les traces de pas qu'il sème ?
Déjà les feuilles mortes couvrent toute la montagne.

Improvisation

Une humble cour entourée de bambous dépouillés.
Après le vent-pluie les iris ont leurs tiges cassées.
Au profond des feuillages chantent les oiseaux ;
Sur les mousses vertes nulle trace humaine.

Au Pavillon d'Hirondelles durable est le jour.
Les arbres sont lourds de fruits, en été.
Sur mes tables s'accumulent des livres rares ;
Je m'y plonge à l'heure claire près d'une croisée.

HSÜAN CHUEH

Un moine bouddhiste qui vécut au VIIIe siècle, à qui est attribué le Yung-chia-cheng-tao-ko *(« Cantique de la Voie de Yung-chia »). Nous en traduisons ici quatre chants.*

Cantique de la Voie

I. Rugissement du Lion, parole sans peur :
Les bêtes en ont le crâne éclaté ;
Et perd sa majesté l'éléphant en fuite.
Seuls les Dragons prêtent l'oreille, ravis...

II. Clair miroir du cœur, reflet infini,
Pourfend le vide aux mondes sans nombres.
Miroitant toutes choses, ombres, lumières,
Perle irradiante : ni dehors ni dedans.

III. Qu'ils calomnient, qu'ils médisent,
Qu'ils brûlent le ciel, peine perdue :
Je bois leurs cris comme de la rosée !
Purifié, je fonds dans l'Impensable.

IV. Même lune reflétée dans toutes les eaux ;
Les lunes de l'eau retournent à la même lune.
Le Dhamarkāya[1] de tous les Bouddhas me pénètre :
Mon être avec Tathāgata[2] n'en fait qu'un.

CHIAO TAO

贾 岛

(779-843)

*Né au nord de la Chine, près de l'actuelle Pékin.
D'abord moine bouddhiste ; encouragé par Han Yu, il se
présente aux examens officiels où il échoue à plusieurs
reprises. Il se consacre désormais à la poésie où il s'impose
par un langage très dépouillé qui décrit des moments et des
lieux intimement vécus au cours de sa vie d'errance.*

Visite d'un ermite
sans le trouver[1]

Sous le sapin, j'interroge le disciple :
« Le maître est parti chercher des simples,
Par là, au fond de cette montagne.
Nuages épais : on ne sait plus où... »

Nuit passée
dans une cabane de village

Son oreiller, une pierre ramassée dans le ruisseau.
L'eau du puits rejoint l'étang, sous les bambous.
Voyageur de passage, sans sommeil, à minuit,
Seul, il entend l'arrivée de la pluie de montagne.

Poème pour accompagner T'ien Chuo
qui va vivre au mont Hua

Lieu reclus, empli de cris de cigales nocturnes,
On se réveille, surpris d'être sur un lit de pierre.
De sa hauteur de mille pieds tombe une chute avec fracas ;
Auprès de la chute, un humble logis de chaume...

Les pins levant haut leurs coussins reçoivent les rosées ;
Entre les rochers à pic la lune dessine un filet de ciel.
Lorsque passe une cigogne, suis-la du regard :
Elle porte sur son dos, n'en doute pas, un Immortel.

Poème composé
pour l'ermitage de Li Ning

Demeure oisive environnée de rares voisins :
Le sentier herbeux pénètre un jardin négligé.
Sur les arbres de l'étang, les oiseaux se nichent en confiance.
Sous la lune, à la porte, un moine discrètement frappe.

Le pont traversé, un paysage autre s'ouvre devant soi.
Déplaçant le rocher, on libère les racines des nuages.
Sur le point de partir, déjà je songe à revenir ;
À la date promise, je serai au rendez-vous.

Village de montagne
dans la nuit

Durant plusieurs stades, on longe une eau froide.
Isolées dans la montagne, çà et là, quelques masures.
Des cris de bêtes sauvages résonnent dans le vide ;
Le soleil qui sombre effraye les voyageurs...

Nul garde-frontière en ces contrées perdues ;
Le croissant de lune dure-t-il toute la nuit ?
Là-bas, derrière de maigres mûriers, un village :
Combien proches, intimes : lumières, fumées !

LIU TSUNG-YUAN

柳宗元

(773-819)

Un des plus grands écrivains et penseurs chinois. Il partage avec Han Yu l'honneur d'avoir rénové la prose classique chinoise. À la différence de son ami qui tente d'instaurer l'orthodoxie confucéenne, il défend la liberté de la pensée, ainsi que le bouddhisme. Ses écrits montrent ses constantes préoccupations des problèmes aussi bien métaphysiques que sociaux et politiques. Sa carrière est brisée par l'échec de la réforme de Wang Shou-wen, à laquelle il participe. Il meurt loin de sa province natale (le Shan-hsi), à Liu-chou, à l'extrême sud de la Chine, où il fut envoyé après sa disgrâce. Sa poésie, sans être son mode d'expression principal, n'en offre pas moins une vision très personnelle.

Neige sur la rivière

Sur mille montagnes, aucun vol d'oiseau.
Sur dix mille sentiers, nulle trace d'homme.
Barque solitaire : sous son manteau de pailles,
Un vieillard pêche, du fleuve gelé, la neige.

Le vieux pêcheur

Le vieux pêcheur passe la nuit sous les falaises
    de l'Ouest.
À l'aube, brûlant des bambous, il chauffe l'eau du Siang.
Quand la fumée se dissipe, au soleil naissant, il disparaît ;
Seul l'écho de son chant éveille fleuve et mont
    d'émeraude.
Soudain, au bord du ciel, on le voit descendre le courant :
Au-dessus des falaises, insouciants, les nuages voguent.

PO CHÜ-I

白居易

(772-846)

Originaire de Hsia-kuei, dans le Shen-si. Après son doctorat, il commence une carrière de haut fonctionnaire, entrecoupée de disgrâces passagères. Après avoir été gouverneur de Hang-chou, puis de Su-chou (822-826), il occupe, vers la fin de sa vie, un poste important à Lo-yang (831-833). Poète précoce, il est l'auteur des deux longs poèmes les plus populaires des T'ang : Ballade de P'i-p'a *et* Chant de l'éternel regret *(le premier a été traduit partiellement par Lo Ta-kang, dans son* Homme d'abord, poète ensuite, *le second dans l'*Anthologie de la poésie chinoise classique*). À part ces poèmes narratifs, il composa, sous l'influence de Chang Tsi, de nombreux poèmes réalistes ou satiriques, dans le style du « nouveau* yueh-fu ». *Le reste de son œuvre est un ensemble de poésies lyriques, remarquables par leur ton parlé, leur style empreint de simplicité et leurs images vivantes et subtiles. Très connu au Japon et en Occident (notamment grâce à la traduction en anglais d'Arthur Waley), il compte parmi les plus grands poètes chinois.*

Herbes sur la plaine antique

Herbes tendres à travers la plaine,
Chaque année se fanent et repoussent.
Les feux sauvages n'en viennent point à bout,
Au souffle du printemps, elles renaissent.

De leurs senteurs, parfument l'antique voie,
Gerbes d'émeraudes dans les ruines anciennes.
Agitées, et frémissantes de nostalgie,
Elles disent adieu au seigneur qui s'en va.

Ni fleur ni brume

Fleur. Est-ce une fleur ?
Brume. Est-ce la brume ?
Arrivant à minuit,
S'en allant avant l'aube.
Elle est là : douceur d'un printemps éphémère.
Elle est partie : nuée du matin, nulle trace.

Vieux charbonnier [1]

Vieux charbonnier, au mont du Sud,
Coupe du bois et puis le brûle...
Visage couleur de feu, de suie,
Tempes grisonnantes, mains noircies.
À quoi lui servirait le peu d'argent gagné ?
Des habits pour son corps, des vivres pour sa bouche.
Quelle pitié ! Si mince déjà son vêtement,
Et lui, il souhaite un temps plus froid encore.
Cette nuit, la neige est tombée sur la ville :
Dès l'aube, il pousse son chariot sur la route gelée ;
À midi, le bœuf est las et l'homme affamé.
Porte du Sud : tous deux se reposent dans la boue.
Qui sont ces cavaliers qui arrivent fringants ?
Un messager en jaune, suivi d'un garçon en blanc.
Un parchemin dans la main : « Par ordre impérial ! »
Huant le bœuf, ils tournent le chariot vers le nord.
Une charretée de charbon – plus de mille livres –,
Prise par les gens du palais : à qui se plaindre ?
Une demi-pièce de gaze, dix pieds de soie légère
Attachés au bœuf : voilà le prix qu'ils te payent !

LI HO

李 賀

(790-816)

Mort à vingt-six ans, ce génie précoce laisse une œuvre qui frappe par son étrangeté, aussi bien que par ses accents de révolte. À travers une écriture au style flamboyant, il révèle des phantasmes comme aucun autre poète chinois ne l'avait fait auparavant. Dans sa poésie, d'inspiration chamaniste et taoïste, se côtoient mythes collectifs et mythes personnels. Pour préserver sa vision de l'univers, souvent tragique, il invente tout un bestiaire qui lui est propre : dragons de toutes espèces, hiboux centenaires, lézards énormes à la queue chamarrée, démones des bois surgies du feu, lynx noir qui pousse des cris de sang, dromadaire de bronze qui sanglote, renard qui meurt dans un frisson, oiseau rapace qui mange sa propre mère, serpent à neuf têtes qui dévore notre âme, etc. Afin de faire ressortir les correspondances secrètes entre les choses, il cherche à combiner des images de nature différente : visuelles et auditives, animées et inanimées, concrètes et abstraites, etc. C'est ainsi qu'il parle de l'épée qui crie, des fleurs qui versent des larmes de sang, du vent aux yeux riants, de la couleur au tendre sanglot, du vieux rouge qui s'enivre, du violet tardif, du vert oisif, de la verte décadence, de la solitude verdoyante, des ailes de la fumée, des bras des nuages, des pattes de la rosée, du soleil au bruit de verres cassés, de la lune aux sons de pierre musicale, du vide qui fait *entendre sa voix et ses rires... Dans cet univers où le merveilleux se mêle aux éléments lugubres ou grotesques, le poète règle les rites de communion par un chant incantatoire. Mais plus que l'idée de communion, ce qui frappe, c'est le défi lancé par le poète à un ordre surnaturel et, à travers ce défi, ses pulsions éclatées, que suggèrent les images récurrentes du sang et de l'épée. Les poèmes que nous présentons ici sont ceux qui s'interrogent, de façon véhémente, sur la destinée humaine.*

Tombeau de Su-la-Courtisane

Solitaire orchidée, rosée
Tels ses yeux emplis de larmes
Rien qui puisse unir les cœurs
Brume en fleur à nul dédiée
Herbes folles son tapis
Branches de pin son dais
Vent qui passe sa robe
Et tout bruissant d'eau
Ses pendentifs d'émeraude
Sans fin les carrosses peints
En attente dans la nuit
Bougies vertes refroidies
Brillant de peine perdue
Au pied du tumulus d'Ouest
Bise pourchassant averses.

Voici l'automne [1]

Vent des platanes : tressaille le cœur. L'homme mûr est
    affligé.
Sous la pâleur d'une lampe, les rouets aux cris de soie
    déchirée.
Qui pourrait lire ce livre en bambous verts, sans y mettre
Des vers qui feront des trous poudreux dans les pages ?
Cette nuit, rongées de tourments, se dresseront mes
    entrailles !
Une âme embaumée, sous la pluie, viendra seule consoler
    le poète...
Sur la tombe d'automne, les fantômes chantent les vers
    de Pao Chao :
Son sang de colère, après mille ans, deviendra jade sous
    la terre !

« Ne sortez pas, Seigneur ! »[2]

Ciel impénétrable,
Terre insaisissable.
Le serpent à neuf têtes nous dévore l'âme,
Givres et neiges rongent nos os,
Les chiens lâchés sur nous reniflent, aboient,
Se lèchent la patte,
Attirés par la chair de l'homme aux orchidées.
Lorsque Dieu enverra son char – joug en or, sabre étoilé
    de jade –
Viendra la fin des calamités.
J'avance à cheval sur le chemin sans retour.
Plus hauts que les montagnes, les flots submergent Li-
    yang.
Des dragons venimeux, secouant leurs anneaux, me fixent
    du regard,
Lions et griffons crachent leur bave...
Pao Chiao a couché sur l'herbe toute sa vie.
Yen Hui, à vingt-neuf ans, avait les cheveux jaunis...
Non que Yen Hui eût le sang corrompu,
Ni que Pao Chiao eût offensé le Ciel,
Mais le Ciel craignait les dents tranchantes ;
Il leur fut donc réservé ce sort.
Et si vous doutez encore de l'évidence,
Souvenez-vous de l'homme qui délirait devant le mur,
Y inscrivant ses Questions au Ciel !

Bref est le jour[3]

Lumière volante, lumière...
Buvons cette coupe de vin !
Nous, qui ignorons la hauteur du ciel,
Et la profondeur de la terre.
Ce qui se voit : le soleil chaud, la lune froide,
Qui rongent les corps des humains.
Croquer des pattes d'ours fait grossir ;
Manger des grenouilles, au contraire...
Où est la Dame Divine ?
Où, le Suprême Un ?
À l'est, se dresse l'Arbre Immortel.
Sous terre, vit le Dragon, torche à la bouche.
Tranchons ses pattes,
Mâchons sa chair !
Plus jamais le jour ne reviendra,
Ni ne se reposera la nuit.
Les vieillards ne mourront plus
Ni les jeunes ne pleureront.
À quoi sert de se gaver d'or ?
Ou se nourrir de jade blanc ?
Jen Kung-tsù, qui donc le connaît,
Chevauchant un mulet, parmi les nuages ?
Liu Ch'e, dans sa tombe de Mao-ling : des os entassés.
Ying Cheng, dans son coffre de catalpa : putride.
Que d'abalones gaspillées !

Chant de l'épée du collateur
à l'Office du Printemps[4]

Coffre de l'Aîné : y dort une eau longue de trois pieds,
Jadis, elle plongea dans le lac Wu pour tuer le dragon.
Reflet oblique de lune, fauchant les roseaux glacés,
Écharpe de satin que ne ride point le vent.
Vieille peau de requin toute hérissée d'épines,
Oiseau de mer, fleurs tatouées, queue blanche de faisan...
Cette épée – le cœur même du chevalier Ching K'o –
Cachera son tranchant à l'Office du Printemps !
Sur sa garde : fils de soie noués et or turbiné,
Éclat magique qui pourfendrait le jade du Champ Bleu.
À sa vue, l'Empereur Blanc de l'Ouest est terrassé,
Et sa mère, la Démone, gémit sur la plaine d'automne...

TU MU

杜牧

(803-852)

En référence aux grands « Li-Tu » (Li Po et Tu Fu), il y a les « Li-Tu » (Li Shang-yin et Tu Mu) de la fin des T'ang. Ces deux derniers, en dépit de leur volonté de participer à des actions positives sur le plan politique, ne peuvent rien contre un régime pourri et vivent le plus souvent dans l'amertume et le désœuvrement. Ils ont comme point commun dans leur poésie de chanter la nostalgie et la passion amoureuse.

La mémoire de Tu Mu, homme du Nord, est hantée par la vie insouciante et heureuse, en compagnie d'amis et de courtisanes, qu'il connut au début de sa carrière à Yang-chou, cette ville du Sud, située à l'embouchure du Yang-tse, où se concentrent la splendeur des dynasties du passé, la douceur de vivre et tous les raffinements artistiques. Dans sa création, s'il compose des poèmes de toutes formes, parfois de grande ampleur, ce sont avant tout ses quatrains, où la musique des mots transforme en chants des images chargées de nuances métaphoriques, qui font sa célébrité.

Envoi au magistrat Han,
à Yang-chou

Le bleu des monts le vert des eaux s'estompent, lointains.
Sud du fleuve, fin de l'automne, l'herbe n'est point fanée.
Ville aux vingt-quatre ponts, nuit tout inondée de lune :
Où est ton chant de flûte ? Près de quel être de jade ?

Printemps du Sud

Mille li à l'entour, chants de loriots,
      vert pays parsemé de rouge.
Hameaux bordés d'eau, remparts de montagnes,
      bannières flottant dans le vent.
Les quatre cent quatre-vingts monastères
      d'anciennes Dynasties du Sud :
Ah, combien de pavillons, de terrasses
      noyés de brumes et de pluie...

Aveu [1]

Fleuves-lacs, flots de vin, et l'âme en perdition.
Brisés d'amour, légers leurs corps si fins dans ma paume.
Ô sommeil de dix ans, ô rêve de Yang-chou !
Dans les pavillons verts : mon nom ? l'Homme-sans-
    cœur.

Poème d'adieu

Une grande passion ressemble à l'indifférence :
Devant la coupe muette, nul sourire ne vient aux lèvres.
C'est la bougie qui brûle les affres de l'adieu :
Jusqu'au point du jour, pour nous, elle verse des larmes.

Sur la rivière Nan-ling

La barque flotte au gré des eaux de Nan-ling,
Souffle le vent, glisse le nuage, voici l'automne.
Au moment même où, hésitant, l'homme se retourne,
En haut du pavillon, s'appuyant, une manche rouge...

Natte en bambou tacheté[2]

Traînées de sang, veines fleuries,
Larmes de la Déesse du Siang.
Douleur que mille ans point n'effacent ;
Regret divin, sommeil des hommes...

Voyage en montagne

Sentier pierreux serpentant dans la montagne froide ;
Là où s'amassent de blancs nuages, une chaumière...
J'arrête le char et aspire la forêt d'érables au soir.
Feuilles givrées : plus rouges que les fleurs du printemps !

LI SHANG-YIN

李商隱

(813-858)

Originaire de Ho-nei, dans le Ho-nan. Malgré son talent et son succès aux examens officiels (en 837), sa carrière est contrariée par les rivalités des clans au pouvoir. Bien que resté profondément attaché à sa femme, morte prématurément, il s'implique souvent dans des amours impossibles, avec des dames de la cour, des nonnes taoïstes ou d'autres femmes mariées. Ses poèmes d'amour, denses et poignants, écrits dans un langage hautement métaphorique, comptent parmi les plus beaux de la poésie chinoise[1].

Le plateau de Lo-you

Au soir, étouffant de mélancolie,
En carrosse, sur l'antique plateau.
Rayons du couchant, infiniment doux :
Trop brefs, hélas, si proches de la nuit.

À l'horizon[2]

Jours de printemps, à l'horizon.
À l'horizon, le soleil penche.
Un rossignol crie : et ses pleurs
Humectent la plus haute fleur.

Ch'ang-ngo[3]

Lueurs pâlies des bougies
   près du paravent de mica
S'incline la Voie lactée
   sombrent les astres avant l'aube
Vol du nectar immortel
   éternel regret de Ch'ang-ngo ?
Ciel de jade mer d'émeraude
   nuit après nuit un cœur qui brûle...

(Sans titre[4])

Les rencontres – difficiles ; les adieux – plus encore...
Le vent d'est a faibli, les cent fleurs se fanent.
Le ver à soie, tant qu'il vit, déroulera sans cesse son fil ;
La bougie ne tarira ses pleurs que réduite en cendres.

Miroir du matin où pâlit le nuage des cheveux ;
Chant de la nuit : échos glacés dans la fraîcheur lunaire.
D'ici aux Îles Immortelles, la route n'est plus longue...
Persévérant Oiseau Vert, veille sur notre voyage !

(Sans titre[5])

Queue de phénix, soie parfumée, maintes couches fines.
Dais rond aux émeraudes cousues sur fond de nuit.
L'éventail aux rayons de lune cache à peine la face ;
Le carrosse aux fracas de tonnerre étouffe les paroles...

Longue veillée où s'assombrissent les bougies d'or.
Qui apportera le vin pourpre de grenade éclatée ?
Aux saules pleureurs le cheval pie est attaché :
Brise du sud, en quel printemps, librement souffler ?

Cithare ornée[6]

Cithare ornée, pur hasard, avec cinquante cordes
Une à une résonnant de tant d'années fleuries
Lettré Chuang au réveil rêve encore papillon
Empereur Wang au printemps renaît en tourterelle

Vaste mer claire lune perles versant larmes
Champ bleu soleil ardent jade exhalant fumées
Cette passion en vain transformée en mémoire
Car à l'instant vécu, déjà dé-possédée

WEN T'ING-YUN

温庭筠

(818-872 ?)

Originaire de T'ai-yuan, dans le Shan-hsi. Sa poésie, toute d'images subtiles et de musicalité, jointe à celle d'un Li Shang-yin et d'un Tu Mu, constitue l'ultime éclat de la poésie T'ang, durant cette période de fin de dynastie. De caractère libre, il fréquente volontiers les courtisanes ; grâce à cette fréquentation, il s'initie au genre tz'u (« poésie chantée ») et devient le chef de file de l'école Hua-chien (« Toutes Fleurs ») qui préfigure l'épanouissement du tz'u à l'époque des Sung. Dans ce genre, apte à exprimer les thèmes de l'amour et de la nostalgie, il excelle à combiner détails extérieurs et sentiments intimes, vécus le plus souvent par une femme.

Départ à l'aube
sur le mont Shang

Départ à l'aube : les grelots des mulets
Avivent la nostalgie des voyageurs.
Gîte de chaume au clair de lune, chant d'un coq ;
Pont de bois couvert de givre, traces de pas...

Tombent des feuilles sur la route de montagne.
Quelques fleurs éclairent les murs du relais.
Rêvant encore au pays de Tu-ling –
Les oies sauvages, près des étangs, s'attardent.

Embarcadère du Sud à Li-chou

Calme et vacante une eau étale face au couchant.
Des îlots éparpillés se fondent dans le vert lointain.
Sur l'onde hennissements de chevaux ponctués de coups
    de rames ;
Sous les saules, attente insouciante du retour de la barque.

Bancs de sable, touffes d'herbes, mille mouettes
    se dispersent ;
Champs et rizières à l'infini, s'envole l'unique aigrette.
Enfin partir ! À la recherche du vieil errant, Fan Li[1],
Et se perdre dans l'oubli parmi les brumes des Cinq-lacs.

Sur l'air de « Keng-lou-tsû »

Longues tiges de saules,
Fine pluie de printemps :
Par-delà les fleurs, échos lointains de clepsydre.
Effrayées, oies sauvages de la passe,
Envolées, corneilles des remparts,
Soudain fixes : paravent peint, couple de perdrix d'or.

Brume parfumée,
Infiltrée dans la gaze.
Étang et pavillon, où rôdent les plaisirs d'antan.
Tourne la bougie rouge,
Le rideau brodé est baissé.
Long rêve de toi : mais tu n'en sais rien !

Sur l'air de « Yeh-chin-men »

Pluie printanière, abondante :
La berge se teint de vert tendre.
Frôlant les saules, arrive un couple de hérons :
Bains et ébats, dans la lumière nue...

Rideaux d'azur haut enroulés,
Balustrades aux méandres sans fin.
Nuages épars sur l'eau, arbres à la brume mêlés :
Cœur minuscule, pensée infinie.

LI YÜ

(937-978)

 Li Yü, mort il y a mille ans, fut le dernier empereur de la dynastie des T'ang du Sud. Régnant sur un royaume dont la capitale se trouvait à Nankin («capitale du Sud»), il mena, entouré de fonctionnaires-lettrés et de belles courtisanes, une vie insouciante et fastueuse, essentiellement consacrée à l'art et à la poésie. Cette existence fut brutalement interrompue par l'arrivée des troupes du général Chao K'uang-yin, lequel régnait déjà sur tout le nord de la Chine et fondera, peu après, la nouvelle dynastie, celle des Sung. Fait prisonnier en 975, Li Yü fut emmené au Nord. Vivant dans la douleur et le regret, il composa une série de poèmes qui compteront parmi les plus célèbres de la poésie chinoise. Mais il finit par exaspérer le nouvel empereur qui le fit mourir par empoisonnement.

 Grâce à son œuvre, Li Yü contribua puissamment, durant cette période de transition entre les T'ang et les Sung, à renouveler le langage poétique. En effet, succédant aux grands poètes des T'ang qui avaient créé des formes poétiques connues pour leur rigueur et leur belle ordonnance, certains poètes de la fin des T'ang avaient cherché à opérer une métamorphose en faisant appel au tz'u («poésie chantée»), pratiqué alors par les courtisanes. Ce genre, au rythme plus varié, plus syncopé, et comme brisé, leur semblait mieux traduire les sentiments de nostalgie et la sensibilité décadente propre à cette fin

*de dynastie. Il s'agissait néanmoins d'un genre mineur,
dédaigné par les grands poètes. Et il fallut attendre Li Yü
pour élever à sa dignité le* tz'u *qui deviendra le genre
poétique majeur de la dynastie des Sung.*

Sur l'air de « Tao-lien-tzu »

Cour sans fond silencieuse
Kiosque étroit inoccupé
Intermittents bruits de battoirs sur les linges
Intermittents coups de vent
Interminable nuit :
    l'homme en éveil
Contrepoint de bruits terrestres et de rayons lunaires
    sur l'ombre des croisées

Sur l'air de « Hsiang-chien-huan »

Muet
    monter seul
      le pavillon d'ouest
La lune – crochet d'argent
Bouclant le clair automne
Dans la cour profonde
    aux platanes solitaires

Démêler du doigt, peine perdue
Un coup de ciseaux, peine perdue
    Inextricable écheveau des nostalgies !
À la pointe du cœur
    ce goût
      toujours autre
inaccoutumable

Sur l'air de « Ch'ang-hsiang-ssu »

Simple rangée de montagnes
Double rangée de montagnes
Montagnes lointaines ciel estompé
    fraîcheur des eaux brumeuses
Ce cœur où saignent les feuilles de sycomore...

Ouvertes les fleurs d'or
Fermées les fleurs d'or
Oies sauvages haut envolées
    à quand le retour de l'homme ?...
Tout un rideau de vent et de lune en loisir

Sur l'air de « Ch'ing-p'ing-gueh »

Séparation par le printemps
    Où s'arrête le regard
        les entrailles se brisent
Près du mur les fleurs de prunus tombent en neige
Plus on les essuie
    plus elles s'accumulent

L'oie sauvage prendra-t-elle le message ?
Le rêve du retour dure moins que la route...
Les nostalgies sont herbes de printemps :
Plus loin on va
    plus drues elles poussent !

Sur l'air de « Tieh-lien-hua »

Nuit lointaine
    déambulation sur la rive
        près d'un kiosque
La fête Claire-et-Pure est passée
Le printemps ressent sa propre blessure
Quelques échos de pluie étouffés par le vent
Au va-et-vient des nuages, la lune s'embrume

Les fleurs de pêcher
    furtives
        se transmettent le parfum
Quelqu'un sur la balançoire :
    rires, murmures, chuchotements
Cœur éclos
    aux mille tiges emmêlées
        mais à quel sol le confier
En ce monde humain ?

Sur l'air de « Mu-lan-hua »[1]

Anche de cuivre qui vibre dans le creux du bambou
Main de jade caressant la lente mélodie
Là où se croisent les regards
        les ondes d'automne inondent l'espace

Nuage-pluie crève soudain les murs brodés
Rencontre furtive désirs accordés
Le festin passé le vide à nouveau s'installe
Âmes fondues dans le rêve
        indéfiniment se cherchent

Sur l'air de « Hsi-ch'ien-ying »

Chute de lune au petit matin
Les lents nuages s'amenuisent

Muet
    Seul l'oreiller
Façonne encore le rêve :
  retour aux herbes parfumées
    la pensée s'y noue, s'y dénoue
Le ciel est inaccessible
  et rare le cri d'oie sauvage

Les loriots soudain s'éparpillent
Un reste de fleurs tombe pêle-mêle
Salle colorée cour sombre :
  quelqu'un est là ?
Ne balayez point les rouges pétales
  qui voltigent qui s'entassent
    gardez-les
pour celles qui dansent
  si elles revenaient

Sur l'air de « I-chiang-nan »

Que de regrets
Hier soir dans le rêve
Hier soir ou jadis au parc Shang-yuan
Les carrosses glissaient : fleuve lumineux
Les chevaux trottaient : dragons flamboyants
Printemps de fleurs
   de lune
   noyé dans le vent

Sur l'air de « I-chiang-nan »

Songe lointain
   pays du Sud au clair automne
Frémissants de crépuscule
   monts et fleuves sans fin
Un chant de flûte dans le pavillon de lune
Au profond des roseaux
                une barque

Sur l'air de « Lang-t'ao-sha »

Le passé accable
Le paysage offense
Les mousses
   rongent le perron
      dans le vent d'automne
Nul souci d'enrouler le store de perles
Qui donc viendra

Enfouie l'épée d'acier
Émoussé l'esprit héroïque
Fraîche nuit ciel de lune couronné
Là-bas
Palais de jaspe et tours de jade
   projettent en vain
      leurs ombres lumineuses
Dans la rivière Ch'in-huai

Sur l'air de « Lang-t'ao-sha »

Hors du rideau
   lent clapotement de la pluie
Les vertus du printemps s'épuisent
Contre le froid de la cinquième veille,
   une mince couverture de soie...
Dans le rêve
     on oublie presque l'exil
   s'accrochant au plaisir
Un instant encore

À l'âme solitaire
   point ne sied la vue des balustrades :
Monts et fleuves à l'infini !
Facile adieu
   retrouvailles hors d'espoir
L'eau coule
   les fleurs tombent
     toute gloire printanière en allée
Dans le ciel
   parmi les hommes

SU SHIH

蘇 軾

(1035-1101)

Calligraphe, poète, prosateur au style superbe, Su Shih (Tung-po) est l'un des plus grands lettrés de la dynastie Sung, l'un des plus typiques aussi. À cette époque, la pensée philosophique ayant opéré la synthèse des trois courants de pensée : confucéen, taoïste et bouddhiste, le lettré, tel que l'incarne Su Shih, offre une image moins tranchée que celle des lettrés des T'ang ; il est à la fois engagé et détaché, conscient de sa responsabilité morale et tenté par la désinvolture. Cette manière d'être, assumant les contradictions, visant à une sagesse libre, marquera longtemps l'homme chinois.

Sa carrière de fonctionnaire-lettré, comme celle de tant d'autres, est faite d'alternance de responsabilités et de disgrâces. Même dans l'adversité, il demeure le plus souvent gai, disponible, grâce à ses écrits où se mêlent de grands textes cadencés et déclamatoires et de courtes pièces intimes et confidentielles.

Quatrain

Brume du mont Lu, marée du fleuve Che,
Ne pas les connaître : infini regret.
Les connaissant, à présent, que dire d'autre :
Du mont Lu, brume, du fleuve Che, marée...

Au temple des Vertus de Brahma,
à Shao-po, le camélia

En face de moi, qui l'a planté, le camélia ?
Personne sous la fine pluie, je suis seul là
À te parler, sans que tu me comprennes.
Toi, seule éclose en pleine neige, rouge flamme.

Poème inscrit
dans un tableau de bambou de Wen Yü-k'o,
appartenant à Chao Pu-chih

Lorsque Yü-k'o peignait un bambou,
Il voyait le bambou et ne se voyait plus.
C'est peu dire qu'il ne se voyait plus ;
Comme possédé, il délaissait son propre corps.
Celui-ci se transformait, devenait bambou,
Faisant jaillir sans fin de nouvelles fraîcheurs.
Chuang-tzu [1], hélas, n'est plus de ce monde !
Qui conçoit encore un tel esprit concentré ?

Au pavillon Contemplation-des-Nuages

Temps gris, temps clair, aurore, crépuscule, change
    incessant :
Au grand Vide j'ai appris à confier mon humble corps.
Nés de l'Origine sans dessein, y retournant sans regret,
Les nuages ressemblent à l'homme qui les contemple.

Sur la route de Hsin-ch'eng

Le vent de l'Est, connaissant mon désir de randonnée en
   montagne,
Fait cesser le bruissement de la pluie qui tombe des
   auvents.
Les crêtes des monts portent un bonnet de coton : nuages
   d'éclaircie ;
À la cime des arbres pend un gong en bronze : soleil
   naissant.

Entourés de haies basses, les pêchers sauvages sourient à
   tout.
Frôlant l'eau limpide, les saules, eux, se balancent tout
   seuls.
Heureux sont ces foyers qui vivent à la montagne de
   l'Ouest :
On cuit cressons et pousses de bambou pour les labeurs
   du printemps.

Sur l'air de « Yü-chia-ao »

Nankin, ancienne capitale. Au Pavillon Cœur-réjoui qui domine le fleuve, en compagnie de M. Wang Sheng-chih, préfet de Nankin, qui se rend au Sud pour inspection, à qui ce poème est dédié.

Dragons et tigres se nouent ici, depuis l'antiquité ;
Nous venons en ce lieu chargé de hauts faits humains.
Un vaste vent oblique pourchasse une pluie trop fine.
Ceux qui vous portent au cœur
    vous aimeraient garder de ce côté du Fleuve !

Vous voyagez en char parmi les brumes irisées,
Escorté de faisans verts et qu'un rouge phénix conduit.
Nous surprend le nom de l'île là-bas : Aigrette Blanche !
Est-elle des nôtres en son vol ?
    la voilà qui descend puis s'éloigne à tire-d'aile...

Sur l'air de « Hsi-chiang-yueh »

Depuis peu à Huang-chou. Une nuit de printemps, j'ai traversé à cheval l'eau de la Ch'i. Après avoir bu du vin jusqu'à l'ivresse dans une taverne, je suis arrivé, sous la lune, près d'un pont enjambant un ruisseau, j'ai défait la selle, et, posant ma tête sur mon bras replié, je me suis allongé pour me reposer un peu. Au réveil, c'était déjà l'aube. Tout autour les montagnes s'embrassaient en désordre, avec, en leur sein, ce cours d'eau qui chante. On se serait cru hors du monde. J'ai calligraphié ce poème sur un pilier du pont.

Éclairant la campagne la lune caresse les vaguelettes.
Traversant le firmament les couches de nuages
    s'estompent.
Sous son protège-boue, mon cheval trotte encore,
    allure fière ;
Moi ivre, je désire céder au sommeil sur l'herbe
    parfumée.

Miracle de l'instant : tout un ruisseau de vent et de lune :
Que point ne soit piétiné ce jade parfait !
Je défais la selle, m'adosse au saule près du pont.
Au premier cri du coucou, aurore printanière.

Puisant de l'eau
dans la rivière nocturne
pour préparer le thé

Vive flamme pour cuire le thé à l'eau vive !
Eau profonde qu'au Rocher des Pêcheurs je puise :
Petite louche, brisant les ondes, pour remplir la cruche ;
Grande calebasse, captant la lune, pour remplir la jarre.

Une écume de neige orne les feuilles qui bouillonnent ;
Un vent de pins bruit lorsqu'on verse le chaud breuvage.
Trois tasses bues, les entrailles restent assoiffées...
Ville déserte en silence : coups longs coups brefs des veilles.

Sur la rivière Ying

Le cours supérieur est lisse et droit,
Le cours inférieur tortueux, ridé.
De la barque je me penche sur le clair miroir
Et je demande en riant : « Mais qui es-tu ? »

Surgissent soudainement des écailles
Qui brouillent la barbe et les sourcils,
Provoquant cent images brisées du « je » ;
Puis, à nouveau unies : Pente-de-l'Est [2].

LI CH'ING-CHAO

(1084 ?-après 1141)

Poétesse exceptionnelle que tout Chinois sensible porte dans son cœur et que la postérité range parmi les plus grands. Son nom « Pure-clarté » est bien à l'image de sa personne, un être à la pensée élevée, à la sensibilité frémissante, d'une vaste culture, faisant montre dans les épreuves de courage tenace et d'héroïque aspiration. Sa vie est intimement mêlée aux événements de son époque : mariage heureux durant l'ère prospère de l'empereur Hui-tsung, où l'art des Sung atteint son apogée ; exode dramatique lors de l'invasion des tribus barbares des Chin ; mort de son mari dans la tourmente ; anéantissement de leur prestigieuse collection d'épigraphies anciennes, de livres rares et d'objets d'art ; vieillesse passée dans la région du Lac de l'Ouest après l'effondrement des Sung du Nord. Épousant de près les différentes étapes de sa vie, sa poésie, cristallisation de ses expériences intimes, montre des qualités propres à un grand poète : finesse et vivacité des sentiments permettant de saisir les dons des instants à travers des détails concrets ; sens aigu de la valeur imaginaire et musicale des mots ; vision de vie très personnelle intensément éprouvée et patiemment intériorisée, etc. C'est bien par son chant inimitable que nous voulons terminer cette partie classique, dominée par la voix Yang qui pourtant, depuis toujours, tend vers l'éternel Yin.

Sur l'air de « Ju-meng-ling »

Te souviens-tu de ce clair soir
   près du pavillon sur l'eau
      où l'on faisait halte ?
Après le vin, on ne savait plus le chemin de retour.
Le plaisir épuisé
   rentrant en barque
      on s'égara au milieu des lotus
« Rame ! Mais rame encore ! »
Surpris piaffant
   de toute la rive
      une bande de hérons s'envola !

Sur l'air de « Ch'ou-nu-er »

Vers le soir un coup de vent amène l'averse
   délave l'éclat torride...
Un dernier accord sur l'orgue à bouche
   puis devant le miroir fleuri
      à peine elle se maquille.

Si légère la soie rouge si pure la chair de jade
   neige onctueuse au tendre arôme
Souriante elle se tourne vers le bien-aimé
   « Cette nuit, fraîche notre couche derrière les courtines ».

Sur l'air de « Ju-meng-ling »

Bourrasque et pluie toute la nuit
Lourd sommeil mêlé d'un reste d'ivresse.
Au réveil
    à la servante qui soulève le store
        Je m'enquiers des fleurs de pommiers rouges
Réponse distraite : « Elles n'ont pas bougé. »

Ah, sais-tu donc ne sais-tu pas
    déjà le vert a dû pousser
        et le rouge diminuer.

Sur l'air de « I-chien-mei »

Le parfum des lotus rouges faiblit
   déjà la natte sent la fraîcheur d'automne
Ma robe de soie légèrement dégrafée
   je monte sur la barque d'orchidée
De quel nuage attendre un message ?
   Au passage d'oies sauvages
      seule la lune inonde le pavillon d'Ouest

Les fleurs s'éparpillent
   au gré du vent au gré de l'eau
Une même pensée partagée
Deux tristesses séparées
    et cet ennui
À peine chassé des sourcils
Le revoici à la pointe du cœur

Sur l'air de « Hsiao-ch'ung-shan »

Le printemps touche au palais Changmen où l'herbe
    reverdit
Soudain fleurissent, çà et là, des branches de prunus
Du firmament le jade bleu tombe en poudres blanches
Piétinant le désir humain   passe l'aube
    le rêve se brise comme un vase.

Sur la double porte pèse l'ombre des fleurs
La lune vient pâlir contre les stores à jours
Charme du crépuscule
Deux ans perdus ; le prince de l'Est erre-t-il encore ?
Viens donc
Il est temps de jouir du printemps qui s'offre.

Sur l'air de « Wan-ch'i-sha »

Fête des Mets-froids
  un jour de printemps calme et clair
Depuis le brûle-parfum de jade
  monte une fumée aux frêles volutes
Le rêve est de retour
  parmi les montagnes d'oreillers
    où s'enterrent les épingles ornées.

Toujours absentes les mouettes de mer
Les hommes, eux, s'amusent
  au jeu de Bataille d'herbes
Frissonnent les saules duveteux
Éclatent les prunes trop mûres
Le crépuscule amenant une fine pluie
  mouille la balançoire du jardin.

Sur l'air de « Su-chung-ch'ing »

Après le vin nocturne
La main est lente à ôter les peignes
   Quelques fleurs de prunus éparses dans les cheveux.

Ivresse passée   sommeil brisé
Le rêve printanier ne s'accomplira pas
Silencieuse et seule
   seule s'approche la lune
Le long rideau tombe au sol
Des pétales de prunus dans la main
      entre les doigts
Encore un peu de caresse
   encore un peu de parfum
     encore un instant gagné

Sur l'air de « Ts'ai-sang-tzû »

Devant la fenêtre est un bananier
Étageant toutes ses ombres
Au centre de la cour sombre
Chaque feuille qui penche et se déploie
    est un cœur qui bat, qui s'épanche.

Réveil à la pluie de troisième veille
Goutte après goutte elle tombe
Feuille sur feuille elle tombe
Rongeant le cœur de la délaissée
    cruelle musique pour nulle oreille !

Sur l'air de « Wan-ch'i-sha »

Faiblesse après la maladie, cheveux ornés de givre.
Un reste de lune éclaire mon lit par la croisée...
Tisane de noix muscades bouillies avec leurs tiges
    non moins savoureuse que le thé.

Lecture de poésie sur l'oreiller, délice inespéré.
Dehors le paysage se rafraîchit sous l'averse.
Tout le long du jour, seule présence amie :
    secret parfum de cannelier.

Sur l'air de « Sheng-sheng-man »

Chercher chercher
   fouiller fouiller
      silence silence
         froidure froidure
Tristesse à cœur fendu
Tristesse à corps rompu
Chaleur fraîcheur mêlées ô temps inapaisé
Deux coupes de vin
   ne chassent point les frissons du soir
passent quelques oies sauvages
– ah celles d'autrefois
traçant le signe de l'homme dans le cœur blessé

Les fleurs d'or s'amoncellent au sol
Toutes flétries
Nul souci de les recueillir
Seule près de la fenêtre
Comment durer jusqu'à la nuit
La pluie à travers les platanes
   goutte à goutte distille le crépuscule
Cet état
   le seul mot Tristesse peut-il l'épuiser ?

Sur l'air de « Yu-chia-ao »

Nuages et brumes roulent leurs vagues vers les confins
   du ciel
Le Fleuve sidéral penché charrie mille voiles dansantes
Voici qu'en songe mon âme retourne au palais d'En-haut
Une voix céleste
   me demande, pressante, à quel lieu je me rends.

« Longue encore est la route, déjà le soleil se couche ;
En vain ai-je accompli quelque merveille en poésie »
L'Oiseau géant s'envole au gré du vent sans limite...
Ne faiblis point ô souffle
   emporte ma barque vers les Îles désirées !

La poésie chinoise moderne

La poésie chinoise, au cours de sa longue histoire de près de trois mille ans, n'a pas manqué de subir d'importantes transformations. C'est toutefois au début du XXe siècle qu'elle a été appelée à connaître le changement le plus radical. Ce que les poètes remettaient en question alors n'était rien de moins que la langue poétique elle-même. En effet, depuis l'établissement de la république en 1912, la plupart des intellectuels, dans leur souci de libérer le pays des contraintes du passé, réclamaient d'abord l'abandon total du *wen-yan*, cette langue écrite spécifique sur laquelle toute la littérature classique était fondée. Ils prônaient l'usage du *pai-hua*, une écriture plus proche de la langue parlée moderne. Et c'est justement par la poésie qu'ils essayèrent leurs premières armes. En 1916, Hu Shih, l'un des chefs de file du mouvement de renouveau, publia dans la revue *Nouvelle Jeunesse* quelques poèmes en *pai-hua*. Ces poèmes, joints à l'ensemble des textes théoriques publiés par la même revue, préparèrent déjà le fameux Mouvement du 4 mai, survenu en 1919 *. Ce

---

* Le 4 mai 1919, les étudiants de Pékin, ayant pris connaissance des clauses du traité de Versailles, particulièrement humiliantes pour la Chine, pourtant alliée des pays vainqueurs, manifestèrent

mouvement constitue un tournant décisif à partir duquel la culture chinoise s'engagea définitivement dans l'aventure moderne.

À partir de 1920, le développement de la littérature chinoise en général, et de sa poésie en particulier, sera profondément marqué par les événements historiques d'un pays en plein bouleversement : l'Expédition au Nord contre les seigneurs de guerre (1925-27) et la rupture entre nationalistes et communistes qui s'ensuivit, la guerre sino-japonaise (1937-45), la guerre civile, la prise du pouvoir par le parti communiste en 1949, le repliement du gouvernement nationaliste à Taiwan, etc. Compte tenu de ces circonstances, on peut proposer, pour l'évolution de la poésie chinoise moderne, une division en quatre périodes : la première s'étend de 1919 à 1927, année de la fin de l'Expédition au Nord ; la deuxième de 1928, année de la fondation du groupe poétique *Croissant de lune*, jusqu'en 1936 ; la troisième de 1937 à 1948, et la dernière à partir de 1949.

La première période, qui est celle du tâtonnement, n'en a pas moins produit des œuvres d'authentique valeur. Les poètes étaient tout à la joie d'exprimer des choses neuves dans une langue nouvelle. On assistait alors à la publication d'un nombre impressionnant de revues et de recueils particuliers. Parmi ces derniers, citons : *Déesses* (1921) de Kuo Mo-jo ; *Étoiles* (1921) et *Eaux printanières* (1922) de Ping Hsin ; *Nuits d'hiver*

---

leur indignation devant la faiblesse du pouvoir. Ils réclamèrent en même temps la démocratisation politique et la modernisation de l'enseignement. L'agitation gagna toutes les grandes villes et prit une dimension nationale.

(1921) de Yu P'ing-po ; *Herbes* (1922) de K'ang Pai-ch'ing ; *La Vie passée* (1922) de Chou Tso-jen ; *Rêves anciens* (1923) de Liu Ta-pai ; *Traversant le fleuve* (1923) de Lu Chih-wei ; *Bougie rouge* (1923) de Wen I-to ; *Traces* (1925) de Chu Tsu-ch'ing ; *Pluie fine* (1925) et *Chansons pour le bonheur* (1926) de Li Chin-fa ; *Poèmes de Chih-mo* (1925) de Hsu Chih-mo ; *Cravache levée* (1926) de Liu Fu ; *Devant l'image de la Vierge* (1926) de Wang Tu-ch'ing. De tous les poètes précités, mis à part Hsu Chih-mo, Wen I-to et Wang Tu-ch'ing qui continueront à écrire et connaîtront leur maturité plus tard, il convient de distinguer Kuo Mo-jo, Ping Hsin, Liu Ta-pai et Li Chin-fa comme les plus représentatifs de cette première période.

Kuo Mo-jo, membre le plus important de la société littéraire *Création*, fut un poète au lyrisme débordant. Il exprimait son exaltation et sa vision cosmique dans des vers pleins de fougue – « Je suis le Chien céleste ; je dévorerai la lune, je dévorerai le soleil, je dévorerai tous les astres et toutes les étoiles... Je serai la somme des énergies de l'univers ! » On y décèle l'influence des romantiques allemands et celle de Whitman. À une époque où un poète comme Hu Shih se libérait avec peine de la poésie traditionnelle – semblable, comme il le dit lui-même, à ces femmes chinoises aux pieds bandés récemment émancipées –, le chant de Kuo Mo-jo était un souffle frais qui élargissait singulièrement l'horizon poétique. Vers 1925, le poète et ses amis de *Création* abandonneront leur romantisme débridé pour embrasser la cause révolutionnaire.

Autre est la poésie, également pleine de fraîcheur, mais composée dans un style concis et retenu, de la poétesse

Ping Hsin. Influencée par Tagore et par la poésie japonaise, sans pour autant renier la meilleure tradition chinoise, elle excelle à décrire en quelques vers un paysage ou des sentiments qui n'excluent nullement la profondeur de la pensée. (Voir *infra* notre présentation spéciale.)

Liu Ta-pai utilise les procédés de la chanson populaire pour rendre les souffrances ou les joies simples de la vie. Son œuvre a été remise à l'honneur dans les années 50 par les critiques communistes pour son contenu réaliste.

Dans la lumière de mille lampes allumées,
J'ai trouvé mon ombre ;
Dans le reflet de tant de bijoux scintillants,
J'ai trouvé ma misère ;
Dans la foule qui me côtoie et me pousse,
J'ai trouvé ma solitude.

Li Chin-fa fit ses études en France. Sa poésie est écrite dans un langage souvent incohérent, tout chargé d'images désordonnées qui frappent par leur étrangeté. Précurseur des « modernistes » des années 30, il compte parmi les plus originaux des poètes chinois contemporains.

Je voudrais vivre sur une île faite d'écumes de mer.
De sable j'ornerai mes bras, tels les sauvages
    avec leurs bracelets d'or.
Lorsque viendra la mouette, je m'enquerrai
    de son cœur brisé.
J'y verserai tout le sang du monde ;
Frère et sœur, nous dormirons dans son sein.

En 1928, autour de Hsu Chih-mo et de Wen I-to, un certain nombre de poètes se groupèrent pour former la société *Croissant de lune*. Revenus pour la plupart de Grande-Bretagne ou des États-Unis, ils étaient fortement influencés par les romantiques anglais : Wordsworth, Shelley, Keats, Rossetti, etc., et dans une certaine mesure, par les Imagistes américains. Leur poésie, aspirant à une esthétique raffinée, est parfois gâtée par un lyrisme d'emprunt. Néanmoins, par leur exigence artistique, par l'attention qu'ils portaient aux problèmes de la forme, ils contribuèrent à pousser la poésie moderne vers sa maturité. Leurs œuvres, dont nous citons les plus importantes, constituèrent un moment particulièrement fécond : *Une nuit à Florence* (1927), *Le Tigre* (1930) et *Randonnée dans les nuages* (1931) de Hsu Chih-mo ; *Eau morte* (1928) de Wen I-to ; *Broussailles* (1927) de Chu Hsiang ; *Péchés à l'image des fleurs* (1929) de Shao Hsun-mei ; *Poèmes de Meng-chia* (1931) de Ch'en Meng-chia.

Hsu Chih-mo fait preuve dans sa poésie d'une exceptionnelle maîtrise du langage. S'il chante aussi le mystère de la nature et les scènes de la vie réelle, son thème central reste cependant l'amour. Brillant causeur et dandy, il défraya la chronique mondaine par son amour pour une femme mariée très célèbre à l'époque. Ce fut lui qui présenta Tagore au public chinois lors du voyage que celui-ci fit en Chine. Il mourut à trente-cinq ans dans un accident d'avion, en 1931.

Je suis un nuage flottant dans le ciel
Qui se reflète par hasard dans ton onde ;
Ne t'en étonne point
Ni ne t'en réjouis
Si dans un instant il emporte son ombre...

Nous nous rencontrons au cœur de la nuit,
Tu tends vers ton destin, moi vers le mien ;
Heureuse si tu t'en souviens,
Plus encore si tu oublies
Ce bref éclair né de notre singulière rencontre.

Wen I-to, après ses années d'études à l'université Ts'ing-hua de Pékin, fut envoyé en 1922 comme boursier aux États-Unis pour y étudier la peinture. Son premier recueil, *Bougie rouge*, abonde en grandes envolées lyriques. On remarque cependant un changement radical dans certains poèmes de son second recueil, *Eau morte*, qui frappe par leur sobriété et leur rigueur formelle ; entre-temps, il était en effet devenu le théoricien ardent d'une poésie régulière. Le poème « Eau morte » qui donne son titre au recueil, composé selon des règles prosodiques strictes, en est un parfait exemple. Outre sa forme impeccable, ce poème frappe aussi par son contenu. Aux yeux du poète, l'image de l'eau morte n'est autre que celle de la Chine d'alors, une eau remplie de déchets et de pourritures. Impuissant devant cette réalité, le poète en vient à espérer qu'en laissant carrément travailler la laideur, le beau finira peut-être par en surgir, que « la graisse en elle aura reflet de pur satin ; la moisissure y deviendra roses nuages ». Mais, de fait, en homme épris du vrai, le poète ne saurait se contenter de cette illusion. Dans un autre poème, il laisse éclater son amour passionné pour une terre à la fois charnelle et irréelle, riche de beautés et rongée de plaies :

Ton mystère éternel, ton beau mensonge,
Ta question obstinée, ton pur éclat,

Je ne sais quoi d'intime, une haute flamme,
Une voix inouïe, mais qui es-tu ?
Nul doute en moi, ce lien doit être vrai ;
L'océan ne saurait trahir ses vagues !

On aime le chant quand on est dans le rythme,
Ô souffle fulgurant, tu m'as vaincu.
Tu m'as vaincu, chatoyant arc-en-ciel,
Toi, présence de cinq mille ans, sois là !
Mon seul désir : te serrer dans mes bras,
Comme tu es sauvage, comme tu es belle !

D'ailleurs, après la publication de ce second recueil, alors qu'il était au zénith de sa gloire, Wen abandonna soudain la poésie pour se consacrer à l'étude de l'histoire de la Chine ancienne. Pendant la guerre, en 1943, il déclara à son ancien disciple, le poète Tsang K'e-chia, qu'après avoir étudié à fond la littérature chinoise dont l'origine remonte à plusieurs milliers d'années, il connaissait enfin la voie à suivre pour créer une littérature capable d'exprimer la vraie âme chinoise. Un an après cependant, il descendit de sa chaire professorale pour se lancer dans la bataille politique. Devant la situation désastreuse de son pays il adhéra à la Ligue de la Démocratie et en devint un chef actif. Ses discours enflammaient la jeunesse. Il devait être assassiné en pleine rue en 1946.

Au mouvement *Croissant de lune* succéda le mouvement « moderniste », sous l'impulsion de poètes tels que Wang Tu-ch'ing, Mu Mu-t'ien, Liang Tsung-tai et surtout Tai Wang-shu. Ce dernier avait passé plusieurs années en France et en Espagne. Tout au long des années 30, il mena une activité intense en dirigeant des revues et des collections poétiques. Imprégné du Symbolisme et plus tard de la poésie de Lorca, il reprit à son compte l'essai tenté quelque dix ans auparavant par Li Chin-fa. Dans deux recueils, *Mes souvenirs* (1929) et *Poèmes en herbes de Wang-shu* (1933), il créa une poésie caractérisée par ses métaphores subtiles et sa musicalité. Voici un poème intitulé « Regret » qu'il composa directement en français, poème qui, sans atteindre la qualité de ses poèmes chinois, est cependant typiquement de son style :

Un, deux, trois...
Ces fleurs étoilant le couvre-lit,
Pourquoi ne donnent-elles pas de fruits ?
Déjà ont fui : le printemps, l'été, l'automne.

Demain le rêve sera pris en stalactite.
Reparaîtra-t-il encore le soleil chaud ?
Malgré le soleil chaud,
En suivant les gouttes d'eau
On ne trouvera que le tintement
Du rêve tombé.

En dépit de son allure d'esthète, Tai fut pourtant un poète engagé. Il participa aux activités de la Ligue des Écrivains de Gauche. Pendant la guerre, il connut, à Hong Kong, la prison des occupants japonais. Son troisième recueil *Années de malheur* (1946) contient des poèmes aussi poignants que « Écrit sur le mur de la prison » et « De ma main meurtrie je caresse ce coin de terre ».

Toujours dans le sillage du mouvement moderniste, il convient de mentionner un autre groupe de poètes dont les plus connus sont Fei Ming, Feng Chih et Pien Chih-lin. On les qualifie de « poètes métaphysiques » à cause du contenu philosophique de leurs œuvres. Feng Chih, dont on connaît déjà deux recueils, *Chansons d'hier* (1927) et *Voyage au Nord* (1929), consigna le fruit de sa méditation dans un recueil de sonnets publié en 1941. (Voir *infra* notre présentation spéciale.) Comme Feng Chih, Pien Chih-lin compose des vers concis, volontairement hermétiques. Il affectionne l'association inattendue de sonorités et d'idées. Sur un ton spirituel ou désabusé, il cherche à révéler l'aspect merveilleux des choses banales et quotidiennes. À part *Jardin des Han* qu'il publia en collaboration avec les poètes Li Kuang-t'ien et He Ch'i-fang, il fit paraître plusieurs recueils dont *Herbes de trois automnes* (1933), *Œil de poisson* (1935), *Lettres de réconfort* (1940) et *Une décennie de poésie* (1942). En 1979, après trente ans de silence forcé, il réunit l'ensemble de ses poèmes en un recueil intitulé *Traces insignifiantes* qui connut un succès foudroyant.

Tu te tiens seule sur le pont
  contemplant le paysage ;
  Tu es dans le paysage
Qu'admire un autre du balcon.

Un rayon de lune t'éclaire
  auprès de ta fenêtre ;
  Ta figure illumine,
D'un autre, le rêve nocturne.

Parallèle aux diverses tendances que nous venons de décrire se poursuit une autre poésie, celle inspirée par la révolution, et qui deviendra plus tard le courant majeur.

Après une période de désarroi due à la rupture entre nationalistes et communistes en 1927, les écrivains progressistes se ressaisirent en fondant en 1930 la Ligue des Écrivains de Gauche. Du côté de la poésie, à la suite de Chiang Kuang-tz'u et de Yin Fu, s'affirma Tsang K'e-chia qui, à partir de 1934, publia successivement *Brûlures* et *La main noire du péché* où il dénonça la misère et les injustices de son temps. Vers le milieu des années 30, deux jeunes poètes, Ai Ts'ing et T'ien Chien, qui compteront parmi les plus importants poètes modernes, commencèrent à faire entendre aussi leur voix, le premier par un long poème, « Le Fleuve à la grande digue », et le second par son recueil *Ballades chinoises*. Ai Ts'ing étudia la peinture en France. Ayant embrassé la cause révolutionnaire, il connut la prison dès son retour en Chine. Poète au lyrisme ardent, il use d'un langage vivant et coloré pour chanter le soleil et la terre chinoise, pour exprimer ses souffrances et sa foi en une vie meilleure. (Pour son œuvre, voir *infra* notre présentation spéciale.) T'ien Chien s'imposera d'emblée par ses vers au rythme percutant qui lui valurent l'épithète de « poète-tambour » (l'expression est de Wen I-to). Il annonce le réveil d'une nation face au danger d'anéantissement. Son célèbre recueil *Aux combattants*, publié au début de la guerre de résistance contre les Japonais, commence par cet appel :

> *Race tragique*
> *Tu es appelée*
> *À combattre !*
> *Hors des logis*
>   *de septembre*

Sur les plaines
  de l'Asie
La liberté
Par-delà
Le sang
Par-delà
Les corps meurtris
  des frères
Vole vers nous
Tel un orage
Telles les hirondelles
  de mer !

La guerre révéla d'autres poètes authentiques, en particulier ceux qui furent publiés dans la collection poétique
« Juillet » dirigée par l'écrivain et critique Hu Feng : Lü
Yuan, I Men (pour l'œuvre de ces deux poètes, voir *infra*
notre présentation spéciale), Lu Li, Sun Tien, Chi Fang,
Tsou Ti-fan, T'ien Lan, Chuang Yung, ainsi que Ai
Ts'ing et T'ien Chien. Ces poètes, les uns demeurés dans
la zone nationaliste, les autres ayant rejoint la zone
communiste, s'engagèrent tous dans une certaine forme
de lutte. Toutefois, ce qu'ils exprimaient ne se limitait
pas aux événements immédiats, mais témoignait du drame
profond de l'homme. Parmi d'autres poètes nés de la
guerre, signalons encore : Wang Ya-p'ing, K'e Chung-
p'ing, Hsiao San et Jen Chün.

Vers la fin de la guerre, à K'un-ming, où se concen-
traient alors les plus grandes universités chinoises, on
assistait à un moment de vie intellectuelle intense. Toute

une pléiade de poètes, mûris par l'expérience et par la réflexion, donnèrent des œuvres profondément originales. Nous pensons notamment à celles de Mu Tan (pour son œuvre, voir *infra* notre présentation spéciale), de Chen Min et de Tu Yun-hsieh. Leur élan, malheureusement, sera coupé par les conditions tragiques de la guerre civile qui suivit de peu la fin de la guerre sino-japonaise.

Dans la zone communiste, après le discours de Mao Tse-tung sur la littérature à Yen-an en 1942, les poètes étaient invités à conformer leur poésie au modèle du chant populaire. C'est ainsi que Li Chi connut la célébrité avec son long poème « Wang Kui et Li Hsiang-hsiang », écrit dans le style de *hsin-t'ien-you*, chant typique de la province du Shen-hsi. De même, He Ching-chih tenta d'introduire des éléments de la tradition populaire dans sa poésie de style très chanté.

Après 1949, durant les années 50, la poésie en Chine est soumise à l'impératif de la construction du socialisme. Une nouvelle génération de poètes tels que Chang Chih-min, Liang Shang-ch'üan, Han Hsiao, Kuo Hsiao-ch'uan, s'affirmèrent en chantant les réalités et les paysages d'un pays en plein devenir. Un des faits dominants de cette période est l'extraordinaire floraison de petits poèmes de circonstance écrits souvent par des anonymes. Ces poèmes sont appréciés par le public pour leur spontanéité et la fraîcheur de leurs images, tel ce quatrain intitulé « Le premier caractère » qui chante la joie des illettrés apprenant à écrire dans la nouvelle école du village. (Le premier caractère qu'ils apprennent est le caractère « un » ; ce mot s'écrit en chinois d'un seul trait horizontal, d'où les images, dans le poème, de la flèche et du levier) :

Bien que le trait tracé soit encore maladroit,
Il est tracé avec une irrésistible vigueur ;
Comme une flèche, il fait tomber le passé pourri,
Comme un levier, il soulève un nouveau siècle.

Tel aussi cet autre quatrain, « Le Réservoir » :

Le réservoir est une urne remplie de bon vin.
Les sorghos rouges d'alentour en sont ivres ;
Les nuages blancs qui passent sont invités,
Eux aussi, à participer au breuvage sans façon.

L'histoire de la poésie chinoise moderne serait incomplète si l'on passait sous silence l'apport important, après 1949, des poètes chinois d'outre-mer, résidant à Taiwan, à Hong Kong, aux États-Unis ou en Europe. Très ouverts aux influences extérieures – celles de Rilke, de Yeats, d'Eliot, de Thomas, des surréalistes français, etc. –, ils entendent néanmoins créer une poésie authentiquement chinoise, capable d'exprimer leurs expériences douloureuses mais uniques. Après tant d'arrachements, certains s'étonnent d'être encore là, pour pouvoir témoigner. Tel Ya Ting qui écrit :

Nous avons bu tant de rosées
En échange de notre sang
Que la terre cent fois brûlée
Nous sait bon gré d'être vivants.

Leur état d'exilés leur fait sentir l'absence de la « vraie vie ». Lo Men, à la fin de son célèbre poème « La Tour de la Mort » s'écrie :

Même dressés dans son œil, nous ne voyons pas
*   ce que cet œil voit,*
Même assis dans son cœur, nous ne sentons pas
*   ce que ressent ce cœur ;*
Elle est lumière, nous sommes la vitre qu'elle traverse,
Elle est vitre, nous sommes le paysage qu'elle reflète,
Elle est, au sein du paysage, la Tour surgie,
Nous sommes contemplés par elle, l'inaccessible au-delà.

Parmi les poètes dont la valeur est confirmée, citons Yu Kuang-chung, Lo Men, Ya Hsien, Ya Ting, Yeh Wei-lien, Yang Mu et les poètes de tendance surréaliste groupés autour de Lo Fu. Quant aux revues qui ont joué un rôle important, signalons *Étoile bleue* et *Genèse* publiées à Taiwan ainsi que *Huit points cardinaux* à Hong Kong.

La Révolution culturelle, qui a duré environ dix ans, a été une page quasi blanche pour ce qui est de la poésie. C'est pourtant par la poésie – par des milliers de poèmes, autant de cris muets, amoncelés sur la place T'ien-an-men le 5 avril 1976 – que tout un peuple a provoqué la fin de ces années terribles. Un certain nombre de poètes sont morts sous la persécution. D'autres, réduits au silence durant si longtemps, sont incapables de retrouver leur élan créateur. Quelques exceptions toutefois, ainsi Ai Ts'ing qui, après vingt ans d'exil (il avait été condamné en 1957), ayant perdu l'usage d'un œil, retrouve pourtant un surcroît d'énergie en composant des chants qui semblent défier le temps.

D'autres chants se font entendre aussi, venant du fond de la terre chinoise ; de ces jeunes par exemple qui furent envoyés au travail à la campagne, ou dans des contrées lointaines. Plus que des dures conditions matérielles, ceux-ci souffraient de l'idée d'une vie sacrifiée, loin des possibilités d'une vraie création. Toutefois, le long contact avec le sol et les éléments arracha à certains des chants très dépouillés. Écoutons d'abord ceux de Mang K'é et de Pei Tao (marqués d'un *), composés autour de 1974-75.

Récolte

L'automne en secret me monte au visage,
Je mûris.

Labeur

En compagnie des chevaux tirant charrettes,
Je tire le soleil dans le champ de blé...

Vent

J'ai bien envie de te parler ;
Marchons côte à côte.

Rivière

Homme trop fatigué,
Me laisses-tu tenir un instant ta main pâle ?

Ma femme

Tous ces jours, innombrables jours,
Je te les apporterai.

Tombe

Sur la tombe de cette femme il est écrit :
« Je ne t'ai rien laissé d'autre ;
Je ne t'ai même pas laissé moi-même. »

Couchant

Le soleil marche vers le lieu où il n'y a personne.

Camp de nuit

Tous assis face à face.
En silence face à face.
Partout sur le terrain cabanes et feux de camp.
Partout sur le terrain jambes nues odeur de terre.

Réverbères

Lumières ordonnées
Ténèbres ordonnées.

Sentiment

Réveil en sursaut dans la nuit...
Tu chéris la solitude.

Vie

Ah,
Peines et joies préparées à l'avance pour toi !

Vase cassé *

Du vase entier
Il ne reste que débris mêlés de terre
Cris dérisoires des tiges éparses :
« Sauve-nous du terrible massacre ! »

Héritage *

Le pigeon s'envole à tire-d'aile
Laissant choir une plume blanche.
Enfant,
Qu'as-tu hérité
Du sang de ta mère ?

Larmes *

Les larmes ont goût de sel.
Où donc s'étend l'océan de la vie ?
Puissent tous les vivants
Rire de leur vrai rire
Pleurer de tout leur soûl.

Lac Pai-yang

N'oublie pas
Ces moments heureux
Quand sur le lac
    toutes les barques de pêcheurs se touchent
Comme s'invitant à trinquer.

Bateau à voile

Le moment venu
Je reviendrai avec la tempête.

Testament

Peu importe mon nom,
Pourvu qu'il soit inscrit
Sur ce sol que j'ai tant porté.

Choisir

Peut-être choisirai-je
La plus lointaine terre en friche
Pour y installer ma vie ;
Pour qu'un jour
Je puisse accueillir toutes récoltes
Dans mon champ.

Prêtons également oreille à la voix du poète Ku Ch'eng, né en 1956, qui tente coûte que coûte d'ouvrir un espace pour vivre, pour rêver.

L'origine de la lune et des étoiles

Les branches d'arbres tentent de déchirer la voile
Du ciel. Elles parviennent à y percer quelques trous,
Tombent alors des lueurs d'outre-ciel...
Les hommes les nomment : lune, étoiles.

Proche et lointain

Par moments
Tu me regardes
Un instant après
Tu regardes le nuage

Me regardant – je le sens –
Tu es bien loin
Mais toute proche
    quand tu regardes le nuage

Depuis si longtemps

Depuis si longtemps
Je verse des larmes sur ce sol
Grosses larmes douces larmes
Depuis si longtemps
J'aspire à croître
Vers le haut, telles des plantes vertes,
Afin de tisser les rayons du couchant
Depuis si longtemps
D'innombrables grappes de raisins
Donnent libre cours à leurs pleurs dans l'aube
Ne pouvant répondre aux injures du soleil.
Depuis si longtemps
Il y a le déluge, il y a
    tous ces rejetons qu'a laissés le déluge.

PING HSIN

冰 心

(née en 1902)

Ping Hsin a écrit des essais ou des récits très appréciés pour leur qualité poétique. C'est en effet comme poétesse qu'elle s'imposa à un large public grâce à deux recueils : Multiples étoiles *et* Eaux printanières *publiés dans les années 20, ainsi qu'à d'autres poèmes publiés ultérieurement. Continuant la tradition poétique chinoise, non sans avoir reçu l'influence de quelques poètes étrangers (Tagore, poètes japonais, etc.), elle excella à dire des choses profondes à travers des vers très simples. Aujourd'hui, sa poésie n'a rien perdu de sa fraîcheur et de son charme.*

Nous présentons ici trente et un de ses poèmes brefs parmi les plus connus.

Les myriades d'étoiles scintillent
   sur le bleu profond du ciel
Qui a jamais perçu ce qu'elles se disent ?

Au plus profond du silence
   chacune de sa faible clarté
Rend à ses compagnes un secret hommage

Firmament
Ôte ton masque d'étoiles
Que je contemple ton vrai visage de lumière

Les ombres ont trompé les vivants –
Hors de la voûte céleste
La lune connaîtrait-elle croissance et décroissance

Trop longtemps assise
Ouvre grand la fenêtre : la mer
Ta nostalgie infinie
Livre-la aux confins du ciel
   là où jusqu'à l'oubli s'étendent les vagues

Seule sur la cime,
   se peut-il que l'univers soit à moi seule

Frêle sapin de la montagne
   laisse-moi encore t'accompagner un peu
   déjà les nuages blancs s'épaississent

Univers perdu dans la nuit –
De ma vie
J'ai oublié les premiers mots
Et n'en saurais jamais le dernier

Nouveau-né
Dans ses cris frémissants
Se cache une parole infiniment mystérieuse
Qui jaillie du plus profond de l'âme originelle
Voudrait se dire au monde

Le vécu d'un vieillard
Le rêvé d'un jeune homme
   participent d'une même vie –
      création de la pensée

Fleur de saule s'envole
   arrive l'hirondelle
Fleur de roseau s'envole
   s'enfuit l'hirondelle
Fleur de saule fleur de roseau
Vous êtes pourtant pareillement blanches

La libellule s'envole insouciante
   et tu restes là – dernier lotus –
      sur ta tige tremblante

Toi qui fais voltiger toutes ces fleurs de neige
   tu as pour moi ta douceur ô vent du nord

Le printemps n'a cure de crier sur les toits
Déjà
Sa puissance souterraine
   de sa douceur
      imprègne le monde entier

Si un beau matin il n'y avait plus ni vent ni pluie
    les riches fleurs qui couvrent cette branche
        où s'en iraient-elles
Sur le cœur humain elles pèseraient
jusqu'à l'ennui
jusqu'à l'écœurement

Fleur qui pousse dans les cailloux entre les rails
    une seconde seulement
    toi et moi
        rencontre fortuite dans l'immensité de la vie
        adieu à jamais dans l'immensité de cette vie
Même si je revenais
    parmi tant d'autres entre les rails
    comment te retrouverais-je

Humble fleur dressée au creux d'un mur
Ton bonheur d'être toi-même
Te suffit
    pour être au centre de l'univers

Herbes tendres au ras du sol
Soyez fières
Vous êtes seules la parure de la terre entière

Un coin de vieux mur
Le ciel bleu par-dessus
Espace ouvert à perte de vue
   c'est cela le Paradis – sur terre

Pourquoi envoyer à la mort des millions de vies
   les canons grondent sans fin
Dans la sombre nuit criblée de silences
   ce papillon qui palpitait dans ma main
   je l'ai relâché par la fenêtre

L'âme
Cette petite lueur
   au cœur du silence flamboie
   au cœur des villes s'efface

Mon ami
Assieds-toi,
Cesse tes allées et venues
Ton ombre qui s'agite
   sur l'eau
Trouble la sérénité
   des poissons

Hier soir j'étais sur le lac
Ce soir j'écoute tomber la pluie
   les gouttes troublent le lac de mon cœur
   et tracent des rides sans nombre

Un jour
   au fond de ce lac qui scintille de tous ses feux
   pourra-t-il se dresser une stèle de pierre dure
Et moi puis-je ainsi immobile – penser

Crépuscule au cœur de la forêt
   est-ce bien la première fois
Et pourtant impression de déjà vécu

Dans l'ombre pâle des nuages et de la lune
   le vent soudain agite les branches –
C'est le moment où tu dois trouver ta vérité

Chasse la pensée ;
Mets une cape doublée
Et sors
Loin des maisons silencieuses éclairées par les lampes...
Le long du sentier le regard de la lune te suit.
Les branches enchevêtrées
   là sur la neige
   tracent encore les signes
De ta pensée.

À la lumière de la lampe je tire l'épée du fourreau
Je la regarde de près – pensive
On n'y voit plus que l'éclat de temps héroïques
Oublié le sang
   gouttes de rubis
Oubliées les larmes
   gouttes de cristal

Le galop du coursier
   soulève un nuage de poussière
Halte-là
   à perte de vue
   une verte plaine !
Infinie nostalgie
Rêve de poète sera-t-il jamais
   rêve de héros

Sur l'eau verte de la rivière
   se penchent des lavandières
   et passent quelques canards...
Le poète à dos de mulet
   entre pas à pas
      dans le paysage de son poème.

Où donc réside le mystère sans fin
   quand le sourire s'efface
   avant que se forment les mots
Là réside sans fin le mystère

Ruisseau printanier – adieu
Du fond du cœur je te sais gré
   d'avoir coulé tout un printemps
Tant de mes pensées sont parties au fil de l'eau

Un geste d'adieu –
Suis ton cours à loisir vers le monde des hommes
Tandis que je reste près de la source
   attentive aux mystérieux échos

FENG CHIH

馮 至

(né en 1905)

Il commença à écrire dès les années 20 et publia plusieurs recueils qui le firent remarquer. Son œuvre la plus
célèbre reste cependant une suite de vingt-sept sonnets[1]
publiés en 1942 à K'un-ming. Germaniste éminent, tra-
ducteur de Heine et de Rilke, il a parfaitement assimilé
cette forme poétique empruntée à l'Occident. Sur un ton
grave, mais naturel, il consigna dans ses vers des
moments vécus, ainsi que le fruit de ses méditations.

Toujours nous espérons accueillir
Les merveilles de l'inespéré.
Au sein du temps qui passe, soudain
Point la comète, souffle l'ouragan.

Notre vie en cet instant sera
L'image de la première étreinte :
Peines et joies passées se fondront
Dans une forme unique et sans faille.

Nous envions ces fragiles insectes
Dont, consommé le seul accouplement
Ou affronté l'unique péril,

S'achève la merveilleuse vie. Ainsi
Nous attendons, notre vie durant, que
Souffle l'ouragan, monte la comète.

Chaque jour, un chemin familier
À notre maison nous reconduit.
Au creux du bois se terrent pourtant
Maints sentiers secrets et ignorés.

D'en longer un nouveau, incertain,
On craint de s'enfoncer, puis se perdre.
Voilà que soudain, d'une éclaircie,
Nous voyons apparaître notre logis

– Île neuve à l'orée du ciel surgie !
Tant de choses à côté de nous
Exigent d'être à nouveau découvertes.

Que tout ne nous semble trop familier !
Qu'à l'heure de la mort, nous touchant,
Un doute ne nous prenne : à qui ce corps ?

À des chiots naissants

Quinze jours de pluies incessantes
Depuis que vous êtes au monde.
Votre lot est moiteur, tristesse.
Un jour, les brumes se dissipent,

Un clair soleil inonde le mur.
On a vu alors votre mère
Vous porter en pleine lumière
Pour que votre corps tout entier

Baigne dans cette première douceur ;
Puis, lorsque décline le jour
Vous rentrer au logis. En vous

Nul souvenir : Mais cette rencontre
Imprimera vos futurs hurlements ;
Dans la nuit vous crierez le jour.

Je vois souvent par la campagne
Un enfant, ou une paysanne,
Face au ciel taciturne, pleurer,
S'agit-il d'un jouet cassé ?

Encourt-on une punition ?
Serait-ce la mort d'un mari ?
Ou bien la maladie d'un fils ?
Ils pleurent ainsi sans répit,

Comme si leur vie tenait toute
Dans un carcan, hors du carcan
Vie humaine et monde ne sont.

En fait, depuis toujours ils pleurent,
Et leurs larmes sans fin inondent
Un univers privé d'espoir.

Objets épars sur notre table,
Livres serrés sur l'étagère,
Immobiles et constants supports
D'une pensée inquiète, incertaine.

Nos mots n'ont point de mélodie.
Nos gestes manquent, eux, de grâce.
Vaine question aux oiseaux dehors :
Pourquoi voler à tire-d'aile ?

Seulement lorsque le corps sommeille,
La paix nocturne éveille les rimes :
De l'air léger qui muse en lui,

Du sel marin que chante le sang.
Le rêve enfin nous ouvre-t-il
À l'appel de ciel et de mer ?

Vacarme d'ouragan, pluie diluvienne.
Sous la lampe, combien solitaires
Nous sommes blottis dans la frêle chaumière,
Sentant la distance qui nous sépare

Des objets qui pourtant nous entourent :
La poêle se languit du cuivre des monts,
La bouilloire de la glaise du fleuve,
Tels dans une tempête ces oiseaux

Aux vols divergents. Nous nous serrons
Comme si notre corps nous échappait.
La tornade disperse tout dans les airs,

La pluie ramène tout dans la terre.
Ne reste que la lampe rougeoyante
Qui atteste notre présence ici-bas.

MU TAN

(1918-1977)

Figure la plus importante, la plus originale aussi, parmi les poètes très actifs à K'un-ming, vers la fin de la guerre sino-japonaise. Mu Tan se signala d'abord par une suite de huitains métaphysiques où il décrit, dans un style souvent hermétique, sa vision de l'amour et de la mort. Après la guerre, il publia d'autres recueils : Drapeau *(1946) et* Poésies de Mu Tan *(1947). Après un séjour d'étude aux États-Unis (1948-53), il retourna en Chine. Cessant de créer (à part quelques rares poèmes), il fit de nombreuses traductions de poètes anglais et russes. Il meurt en 1977 des suites de persécutions subies pendant la Révolution culturelle.*

L'eau coule entre les rocs de montagne
   délaissant toi et moi ;
Ensemble nous grandissons
   dans l'utérus de la mort.
Une vie déformée, au milieu
   d'innombrables possibilités,
Et qui, de toute éternité,
   ne saura s'accomplir.

Je converse avec toi, j'ai foi
   en toi, je t'aime.
En même temps, j'entends
   mon créateur rire en lui-même.
Sans cesse, il amène un autre
   toi, un autre moi,
Et fait que nous devenions toujours
   plus riches, plus dangereux.

Calmement en ce lieu
  nous nous étreignons
Dans un monde que nos paroles
  parviennent à éclairer
Cependant terribles sont
  les ténèbres informulées.
Nous déchirent ce qui est possible
  et ce qui ne l'est pas.

Ce qui nous étouffe,
  nous fait perdre haleine
Ce sont ces mots doux
  qui meurent avant d'être nés.
Leurs fantômes omniprésents
  nous entraînent dans l'errance
Dans l'aire libre et splendide
  d'un amour désordonné.

Le soleil se couche. Une brise
  effleure la surface des champs
Quelque chose s'attarde ici
  vieux comme le temps.
Ce rien qui meut le paysage
  m'émeut aussi le cœur ;
Il coule vers toi, depuis
  l'Origine, puis s'endort.

La force qui donne forme
  aux arbres et aux rochers
Va perpétuer mon désir
  en cet instant jailli ;
Et toute la beauté
  née de son passage
M'apprend la manière
  de t'aimer, de me transformer.

Plus proches l'un de l'autre
  il ne se peut.
Tous les hasards prennent forme
  au milieu de nous.
Seul un rayon de soleil
  traversant le feuillage
Se répartit sur nos deux cœurs
  identiques, différents.

Lorsque arrive la saison,
  chaque feuille en sa chute...
L'arbre qui nous porte, lui,
  demeure à jamais vert.
Envers nous, ses ricanements
  (ou ses pleurs)
S'apaiseront au cœur
  de la vieille racine, fondus.

Grandes manœuvres

Devant nos yeux s'étale un paysage sans bornes :
Arbres aux gestes purs, tombes méditatives ;
Dans leur éternité ils cherchent un abri,
Indifférents au vent chargé de senteurs d'herbes.

On avait reconnu comme mère la terre ;
Pourquoi prendre le sol d'en face comme cible ?
On lance des fumées, on tire le canon,
Causant dégâts. Le vrai ennemi n'est point là.

Distance entre humains tout d'un coup éloignée,
Distance entre humains tout d'un coup rapprochée.
Frayeur à fleur de peau, larmes rires mêlés,
Image raccourcie de toute destinée.

Aussi vieux que le monde, un métier dont on voit
Les énormes profits qu'il apporte à beaucoup.
Dur, cruel dès l'enfance, on apprend tous à l'être ;
La justice du monde entier partout l'exige.

Marine

Errant de l'azur, amant de la mer,
Donne-nous du poisson, donne-nous de l'eau ;
Donne-nous la flamme qui rallume les astres.
Nous vivons courbés sous le poids du temps.

Le vrai libre est un chant vaste sans ombre.
Il prend possession de tout, joie des joies ;
Manifeste tout, puis retourne au rien.
Nous vivons figés dans des formes creuses.

Rêves plus réels que le réel, pensées
Plus fluides que l'eau, déjà sont morts ici.
Toi, esprit couleur de jade, jaillissant,
Créateur de mille voies, errant sans chemins,

C'est par tes yeux que nous percevons le beau,
Nous qui portons le masque de la tristesse.
Tant de soleils foulés au pied, tant de force
Non formulée ; notre plus riche néant chante :

Jour après jour, nuit après nuit, vol blanc
D'oiseau hors des monts, hors de connaissances,
De ce qui nous échappe, tu es au centre,
Errant de l'azur, amant de la mer !

T'ANG CH'I

唐祈

(né en 1920)

Le poète voyagea beaucoup dans sa jeunesse, notamment dans la région lointaine du nord-ouest de la Chine dont les paysages et les légendes nourrissaient ses premiers écrits. Il aimait procéder, dans ses vers, par petites touches, ce qui donnait à sa poésie une allure déliée et une musicalité très particulière. Mais à mesure que le poète pénètre la réalité humaine, le ton de son œuvre se fait plus grave. Certains longs poèmes, écrits durant les années 40, constituent les meilleurs témoignages d'une société bouleversée et de l'interrogation angoissée de l'homme.

Dans la forêt

Seul à marcher
Dans la forêt,
J'écoute, hors des
Saisons, le vent.

J'entends au loin
Des sons de cloches
Montant du mont
Vers les hauteurs.

De qui la voix
À nouveau là ?
De qui la voix
À nouveau là ?

Vent du lointain,
Cloches du mont.
Où dois-je aller
Dans la forêt ?

L'aube au village

Rizières encadrées de levées de terre,
    – miroirs multiformes.
Au-dessus d'elles s'attardent quelques étoiles
Les oiseaux s'y mirent
      puis quittent le bois brumeux.
Alors commence sa toilette la rose aurore.

Au premier rayon, les nuages crient de joie.
Rompant le silence, pieds nus, une fillette près du puits
Éternue, provoquant un beau désordre chez le bétail.
Les buffles lourds entraînent le paysan dans la rizière.
Eux n'ont cure des ombres des nuages, s'étirant,
Ils fendent l'eau et tracent les sillons noirs de la vie.

Automne

Herbes tendres
Nimbées de brumes.
Humide sommet. Au pied
Du mont, un chemin de boue.
Dans le bois de bouleaux :
Mes pas.

Le paysage au loin se fond dans la fumée ;
Mon corps aussi s'enveloppe de souffle froid.

Tout, dans le silence, semble attendre
Un dénouement. Je sens
Que la nature est, plus que moi, grave.

La montagne recèle
Une mélodie, la tienne.
Ta mélodie est dans le vent.
Ah, sons de flûte de la mémoire.

Sons de flûte évanouis comme un songe...

Voilà que résonnent des pas de chèvres
Assourdis par l'air du soir
Qui, ainsi qu'un berger, les emmène.

Écoute voltiger ces plumes
Tombées des premières étoiles.
Se taisent alors les grillons
    avant leur chant nocturne.
Près du puits, un vieillard
Remplit son seau de clair de lune.

Un moine assis sur le coussin
S'abîme dans l'ombre
Pareil à un frais champignon qui se rétracte.

Et les maisons clairsemées
– pions abandonnés sur un échiquier ;
Et les hommes, les bêtes sous le toit de chaume.
Et la nuit
	se repose-t-elle aussi ?
Plus aucune voix.
Muette mélodie...

Chant d'amour

La mer, au creux du port
Le plus profond enfin se calme

La nuit riche d'étrange musique

Lorsque nous sommes gais
Je désire être avec toi
Côte à côte assis
Sur un sommet silencieux
Regarder la plus lointaine étoile

Au moment triste
Tu me tiens par la main
Nous marchons à travers
Les bruits de la ville.

Séparation

Entre deux êtres chers, une séparation
Peut soudain engendrer deux destins différents.
Les rayons d'un clair soir ne rappellent que peu
Le lointain crépuscule au-delà des montagnes.

Scintille quelquefois sur le lac de mémoire
Ton ombre ; mais je cherche en vain ta voix sous l'arbre.
Ton regard s'évapore en un nuage au couchant ;
Arbre-nuage n'est plus qu'une terre inconnue.

Toute séparation est une petite mort.
Se peut-il que le temps ce fleuve sans rivage
Cesse enfin d'emporter ce qui naît sous nos yeux,
Dans les larmes sans voix de toutes retrouvailles ?

Proche ou loin que demeure en nos cœurs le silence,
Tel le pin du pays natal devant l'étang.

Heure grave

Je vois beaucoup d'hommes
Silencieusement pleurer
Dans la nuit

Beaucoup de femmes
Pleines de douceur soudain
Gagnées par la folie

Le matin, près d'immondes
Ordures, je chasse
Le chien affamé et ramasse
Un nouveau-né

Ils entrent en moi
Et vivent de ma pensée.

I MEN

(1907-1967)

Un des meilleurs poètes du groupe Juillet, *du fait de son langage à la fois subtil et puissant, et d'une vision poétique très personnelle. Sa vie fut marquée par plusieurs événements douloureux. Il fut blessé deux fois au début de la guerre de résistance contre les Japonais. Puis, en 1946, à l'époque où l'on réédite son recueil* Cithare sans cordes, *il perdit en l'espace de quelques mois sa femme, la mère de celle-ci et sa propre mère. Dans les années 50, malgré ses contributions à la cause révolutionnaire, il fut l'objet de violentes critiques pour ses vues sur la création poétique. Il meurt dans le silence et la solitude, laissant de nombreux textes inédits.*

Réfugiés en exode

« D'où venez-vous ? »
C'est une question qui fait rougir.
Le pays natal n'est plus que cendres ;
Sur les digues du lac, en vain
   demeurent saules pleureurs et fleurs de pêchers...

« Où allez-vous ? »
Devant, rien
   que route sans fin chargée de vent de sable.

« Venant de la guerre,
Allons vers la guerre... »

(1939)

Coup

Lorsqu'en plein front je reçois le coup violent,
Et que, sans céder, je retrouve l'équilibre,
Je vois aussitôt dans mes yeux
    surgir un monde chatoyant :

Étoiles de grenades rouges éclatées au sol,
Étoiles aux couleurs du paon
    perdu dans sa roue de gemmes, d'émeraudes,
Étoiles de liserons couronnant la brise légère,
    ou de rosées auréolant le soleil levant,
Ciel glauque
    plus profond
    plus attirant
Que l'eau du lac...

Vraiment abattu ?
Mais c'est alors que je brûle d'un amour tendre et fort ,
C'est alors que je me tends vers un merveilleux lointain

Judas

Au milieu des Douze, Judas
Était là, on le savait.

Trahison.
Mais la potence ne saurait éteindre la flamme,
Comme la mer ne saurait avaler l'unique perle.

La révolution n'est pas à vendre.
Le monde n'est pas à vendre,
   pas plus que sa longue histoire.
Le Fils de l'Homme
N'est pas à vendre
Seule a été vendue
L'âme vile
   de Judas lui-même.

Au milieu des Douze, se tient
Judas, tapi
Dans l'ombre de la robe du Créateur
Dans le souffle de combat du Fils de l'Homme
Dans l'attente vile de son vil destin.

Ombre

La chambre résonne de la lune de minuit

Ombre
   non des feuilles frémissantes de taches lumineuses
   ni des branches lourdes de bourgeons près d'éclater
Ombre
   de la croisée que la lune projette au sol
   ombre de croix

Que je veille que je dorme
L'ombre de la croix
Comme la mienne propre
   me poursuit m'écartèle
      sans me lâcher

N'aie pas peur

Le tonnerre n'est que le rire de joie du géant.
Et dans ta vie si pleine, enfant, ne ris-tu pas
Souvent ? Et d'un rire si sonore ? –
N'aie pas peur !

L'averse n'est que les larmes du géant
   jaillies de son trop-plein d'émotion.
Lorsque tu te réveilles sous ma main caressante,
Ou que tu caresses toi-même, enfant,
   une pomme parfumée à toi offerte,
N'as-tu pas aussi les yeux emplis de larmes,
Non point larmes de douleur, mais de reconnaissance ?
N'aie pas peur !

Le vent sème ses pas confus de bonheur,
L'éclair agite ses bras dansants de gaieté.
Et toi, enfant, n'as-tu pas ta danse à toi,
Lorsque, voulant attraper un duvet de saule
   ou un reflet de la ronde lune
Ou que simplement mû par un besoin de ton corps
Tu t'élances à pas rythmés ou précipités ?
N'aie pas peur !

N'aie pas peur,
Tu restes encore dans mes bras calmes et fiables.
Je n'ai pas peur, car je suis passé par les orages et les déserts ;
Je n'ai pas peur, car tu dois passer par les déserts et les
   orages !

(1946)

AI TS'ING

艾青

(né en 1910)

Il est considéré par beaucoup sinon comme le plus grand du moins comme l'un des plus importants poètes de la Chine moderne. Sa première passion fut la peinture. C'est pour parfaire sa formation de peintre qu'il vint en France, à l'âge de 19 ans. À Paris, en même temps que la peinture occidentale, il découvrit la poésie française (Hugo, Baudelaire, Apollinaire, Verhaeren, etc.). Plus tard, de retour en Chine, lorsqu'il fut jeté en prison en 1932 pour ses idées révolutionnaires, il résolut de se servir de la plume pour s'exprimer. Il y composa le long poème autobiographique « Le fleuve à la grande digue » dont le ton neuf tranchait avec tout ce qui se faisait alors. Ce poème ne fut publié qu'en 1936, à sa sortie de prison. L'année suivante éclata la guerre sino-japonaise qui provoqua le réveil de tout un peuple. Le poète sillonna la Chine et publia plusieurs recueils : Le Nord, La plaine sauvage, Il meurt pour la seconde fois, Poèmes dédiés à la campagne, Torches, L'annonce de l'aube, etc. qui le rendirent célèbre[1]. Usant d'un langage vivant et coloré, il chante la terre chinoise et les multiples aspects de la vie humaine ; il dit aussi ses désirs et sa foi nés d'expériences vécues. S'il exalte la lumière, comme le témoigne son célèbre poème « Vers le soleil », il sait aussi le prix qu'il faut payer pour la mériter, lui qui avait connu la prison et qui connaîtra plus tard le long exil. Il fut en effet condamné en 1957 pour avoir revendiqué plus de dignité *et de liberté pour les écrivains. Envoyé au Sin-chiang, dans l'extrême ouest de la Chine, il n'en revint qu'en 1976.*

En dépit de son âge, il se remit à créer. Privé trop longtemps de son langage natif, il ne parvint pas toujours à se dégager d'un certain carcan idéologique, à part quelques poèmes percutants où l'on trouve ce lyrisme vif et imagé qui lui est propre.

L'étang bleu

L'étang bleu,
Couvert d'herbe-crin ;
Sur l'eau claire
   se reflètent les nuages blancs qui passent.

Calme et pureté...
Comme en méditation sur le cours des saisons
Une jeune fille en robe bleue
   assise sur l'herbe matinale.

Prends garde !
De son sabot qui frappe le brouillard léger
Un cheval brun-de-châtaigne
   a bondi vers toi...

Les vagues

Aimes-tu aussi les vagues blanches ?
Ces vagues qui rongent les rochers
Qui broient sans pitié les godilles des bateaux
Et déchirent leurs voiles ?

Jamais immobiles.
Elles racontent, sans s'en lasser,
Les tragiques histoires de navigateurs
Depuis les temps anciens.

Peut-être sont-elles déraisonnables
Mais elles sont belles

J'aime moi ces vagues blanches
Lorsqu'elles m'éclaboussent le corps
J'éprouve la reconnaissance de l'être aimé.

Écoute

Au galop
Au galop
Le vrombissement de la centrale électrique du Midi
Rugit sans arrêt ; la nuit
Tombe dans la cellule de la prison
Et fait vibrer
Les ronflements serrés de mes compagnons d'infortune

Comme un grand paquebot
Qui, sur l'océan d'un bleu profond
De sa vrille puissante, fend la houle
La nuit
S'avance...

(1932)

Soleil

Des tombes ancestrales
Des années obscures
De la course de mort de l'humanité
Réveil brutal de la montagne dans son sommeil profond
Telle une roue de feu qui vole sur les dunes
Le soleil roule vers moi...

De ses rayons irrésistibles
Il donne souffle à la vie
Fait danser toutes les branches des arbres les plus hauts
Et le courant qui charrie les chansons folles filer vers lui

Tout à sa venue
J'écoute et vois
Les vers qui hibernent rentrer sous terre.
Tous l'acclament à l'unisson sur les grand-places
Et les villes de loin
Avec l'électricité et l'acier, l'appellent

C'est alors que ma poitrine
Est comme déchirée par une main de feu
Et mon âme exsangue
Laisse sa dépouille au bord de l'eau
Voici que j'ai foi en la renaissance de l'humanité.

Dialogue avec le charbon

Où habites-tu ?

J'habite sous les montagnes de dix mille ans,
J'habite dans les rochers de dix mille ans.

Quel âge as-tu ?

Je suis plus vieux que ces montagnes,
Plus vieux que ces rochers.

Depuis quand es-tu silencieux ?

Depuis que les dinosaures ont régné sur les forêts,
Depuis le premier craquement de l'écorce terrestre.

Serais-tu mort de trop de rancœur ?

Mort ? non, je suis encore vivant –
Donne-moi du feu, donne-moi du feu !

Printemps

C'est le printemps
Les fleurs des pêchers de Lung-hua[2] ont éclos
Elles ont fleuri pendant ces nuits
Ces nuits toutes tachetées de sang
Ces nuits où pas une étoile ne brille
Ces nuits où le vent souffle
Ces nuits qui écoutent les sanglots des veuves

Mais cette vieille terre,
À l'affût, comme une bête sauvage affamée assoiffée
Lappe le sang des jeunes
Le sang des jeunes obstinés
Après les longues journées d'hiver,
Après la saison des glaces, celle des neiges,
L'attente harassante et sans fin
Ces traces de sang, ces taches de sang
Dans une nuit fabuleuse
Dans la nuit noire et profonde d'Orient
Ont éclaté en kyrielles de boutons
Et ont brodé tout le sud du fleuve, de ce printemps.

Si on me demande : d'où vient le printemps ?
Je répondrai : des tombes hors de la ville.

J'aime cette terre

Si j'étais un oiseau,
Il me faudrait aussi chanter avec ma gorge rauque.
Cette terre battue par la tempête,
Ce torrent où déferle sans cesse notre révolte,
Ce vent qui n'en finit pas de souffler,
Et l'aube d'une douceur incomparable qui vient
    des forêts...
– après je mourrai,
Et mes plumes elles-mêmes se décomposeront dans le sol.

Pour avoir trop aimé cette terre
J'ai souvent des yeux emplis de larmes.

(1938)

La forêt de l'hiver

J'aime traverser la forêt l'hiver,
La forêt de l'hiver quand le soleil ne brille pas,
La forêt de l'hiver quand souffle le vent sec,
La forêt de l'hiver quand on dirait qu'il va neiger.

Les journées d'hiver sans lumière ont leur charme,
Les journées d'hiver sans pépiement d'oiseaux ont leur
    charme,
On se sent heureux à marcher seul dans la forêt l'hiver.
Je me faufile en silence comme un chasseur
Mais ne pense pas à chasser quoi que ce soit...

(Sans titre)

Parfois aussi j'aime rester seul,
Dans la nuit à côté d'une lampe,
Écouter le bruit du vent qui siffle dehors,
Et songer à ceux qui marchent au loin.

Le miroir

Surface plane pourtant,
Il est insondable.

Il affectionne le vrai,
N'escamote aucun défaut.

Loyal envers ceux qui viennent à lui,
En lui tous se découvrent.

– Visage fleuri après le vin,
Ou tempes portant givres et neiges...

Certains le recherchent,
S'estimant beaux.

D'autres le fuient,
En raison de sa franchise.

D'autres encore n'ont de cesse
Qu'ils ne l'aient cassé en morceaux !

(1979)

L'espérance

Amie de tes rêves,
Sœur des chimères.

Pareille à ton ombre, sauf
Que toujours elle te précède.

Informe, elle est jet de lumière ;
Instable, elle est coup de vent.

Toujours entre elle et toi
Cette distance infranchissable.

– Oiseau hors de la fenêtre.
Nuage au cœur du firmament,

Papillon près d'un ruisseau
Combien chatoyant et rusé –

Tu avances, elle s'envole ;
Tu l'ignores, elle te fait signe.

T'accompagnant sans relâche
Jusqu'à ton dernier souffle !

(1979)

Lumière

Même faibles comme une bougie,
Il nous faut brûler jusqu'à la dernière larme ;
Même ténus comme une allumette,
Il nous faut provoquer l'étincelle au moment utile ;
Réduits en cadavres pourris,
Transformons-nous encore en feux follets
    pour hanter la plaine sauvage.

Poisson fossilisé

Poisson fossilisé
Muet depuis dix mille ans,
Muré dans sa gangue de pierre.

Dans dix mille ans
Il nagera encore dans la main
De ceux qui le découvriront.

LÜ YUAN

绿原

(né en 1922)

Son premier recueil Contes de fées, *publié en 1942
dans la célèbre collection « Juillet » dirigée par Hu Feng,
fixa d'emblée son style. Dans un langage volontairement
simple, il relate ses sensations et ses rêves. On devine
cependant, derrière l'apparente candeur (ou pudeur), une
extrême sensibilité prompte à la mélancolie et à l'émer-
veillement. Comme beaucoup de jeunes de sa génération
(celle des années 30 et 40), il s'engagea, par idéalisme,
dans les rangs révolutionnaires en quittant tout. Certains
poèmes laissent néanmoins paraître le déchirement qu'il
éprouva entre le sacrifice pour une cause et la nostalgie
d'un amour personnel.*

*Un des rares poètes du groupe Hu Feng qui aient sur-
vécu aux persécutions successives et à la Révolution
culturelle, il a eu à cœur de publier, dans un recueil intitulé* Les Fleurs blanches, *certains poèmes de ses anciens
amis et de lui-même.*

Conte de fées

Enfant
Je ne savais pas lire,
Maman était ma bibliothèque

Je lisais maman –

Un jour
Le monde sera en paix,
L'homme sera capable de voler,
Le blé poussera en pleine neige,
L'argent ne servira à rien.

L'or servira à faire des tuiles,
Le papier-monnaie à tapisser les murs,
Les pièces à faire des ronds sur l'eau.

Je serai un jour le voyageur
    chevauchant une grue rose venant d'Égypte.
Muni d'une pomme dorée
    et d'une bougie aux cheveux argentés,
Je traverserai les pays de contes
    pour demander la main de la princesse
    de la Ville des friandises.

Mais en attendant,
Dit maman,
On doit beaucoup travailler.

Mélancolie

Le soleil plie l'éventail de ses rayons,
Jésus sur son âne retourne à Jérusalem.
Le voyageur s'étant acheté une lanterne,
   va son chemin vers le lointain village.

Le Sage médite
   au bord de la brume crépusculaire.
L'escargot rentre dans sa coquille.
Noyé de pluie se dresse le beffroi
   (frappée par l'ombre de la croix la cloche sonne).
Une voix transparente
T'appelle par ton nom,
Toi, pourtant éveillé, tu seras l'hôte du rêve.

Ceci est un conte de fées.

La nuit est bien avancée,
Donne-moi une allumette..

Lucioles

Le papillon de nuit meurt près de la bougie ;
La bougie, elle, meurt au cœur du vent.

Lueur verte,
Lueur de brume et de froidure,
Tu ne te laisses point enterrer par la nuit,
Par la pluie,
  je te dédie mon chant.

Faire de soi-même un phare ;
Suivre de soi-même le chemin.

Luth brisé I

Cueillir un fruit couleur d'émeraude,
Dans le bois empli de vent de pluie,
Pour venir te dire
Voici mon présent
– je ne le veux point.

Non plus que je n'accepte
De parler de roses qui pleurent
Lorsque coule le sang.

Vois
Comment l'hirondelle
Veille sur la maison de terre
C'est ainsi que je t'aime.

Luth brisé II

pour C.

Je crains
Qu'au fond de tes yeux
Ne réside ma solitude.

Tu me demandes
Pourquoi je reste muet
Depuis si longtemps.

Pourquoi rompre le silence
Puisque m'habite la tristesse.

Tout comme lorsqu'on a mal
Nul autre ne peut partager.

La fleur blanche

Au bout de la longue nuit,
    par-delà
Tout horizon,
Nous cueillerons
    au pied d'une falaise
    au milieu des buissons
La fleur blanche.

Couleur de l'aube
    au jet de sang.

Notes

Li Po

1. Le poème a pour thème la traversée des célèbres gorges du Yang-tse qui s'échelonnent sur plusieurs centaines de kilomètres (depuis « Empereur Blanc », ville située à l'entrée des gorges, dans le Ssu-ch'uan, jusqu'à Chiang-ling, en aval, dans le Hu-pei). Pour tous ceux qui l'ont faite, cette traversée d'une rapidité vertigineuse et pleine de périls constitue un souvenir inoubliable. Li Po l'a faite au moins à deux reprises : dans sa jeunesse, lorsqu'il quitta le Ssu-ch'uan, sa province natale, et bien plus tard, après son exil (759).

2. Le poète évoque ici la figure de ces « Chevaliers Errants » (Hsia-k'e) de l'époque des Royaumes combattants, qui se mettaient souvent au service d'un seigneur qu'ils estimaient, pour réparer une injustice ou pour assassiner un tyran. Li Po lui-même a pratiqué l'art de l'épée et cultivé l'esprit chevaleresque.

Vers 2 : « Luth bourré de plomb » : Kao Chien-li (fin IIIe s. av. J.-C.), le célèbre joueur de luth du Royaume de Yan, après s'être fait crever les yeux par le roi des Ch'in, tenta d'assassiner celui-ci, lors d'une audition, en lui jetant à la figure son luth bourré de plomb.

« Poisson cachant poignard » : Chuan Chu, du Royaume de Wu, assassina un prince despotique lors d'un banquet, en cachant son poignard dans le ventre du poisson qu'il avait présenté sur la table.

Vers 4 : Ssu-ma Ch'ien, le grand historien des Han (145 av. J.-C. — ?) avait dit : « La mort d'un homme peut être lourde [de signification ou de conséquence] comme le mont T'ai ; ou être légère [insignifiante] comme une plume d'oie. »

Tu Fu

1. De Tu Fu, qui a composé relativement peu de quatrains, nous ne choisissons que deux quatrains qui font partie d'une série de sept, que Tu Fu composa à Ch'eng-tu, ville de l'Ouest, dans le Ssu-ch'uan, où, après une vie errante et tourmentée, le poète était venu se fixer pendant quelques années. À l'approche de la vieillesse, il céda cependant à la fascination du printemps. Sur un ton désinvolte, parfois humoristique, il chanta la joie d'une certaine jeunesse retrouvée.

Dans le second quatrain, les deux derniers vers ont trait également à un certain souci du poète, concernant sa propre création. Il cherchait à se libérer d'un « trop-plein » de tourments qui l'accablaient (« branches trop chargées ») et à atteindre une plus grande simplicité dans son langage (« bourgeons s'ouvrant en douceur »).

2. Le mont T'ai, qui divise la province du Shan-Tong en deux parties : Ch'i et Lu, est le plus célèbre des cinq monts sacrés de la Chine. Il porte un autre nom, Tai-tsung, qui pourrait signifier : le doyen des monts.

Vers 1 : Le poète utilise un ton direct et parlé, pour exprimer son émotion de se trouver enfin devant le célèbre mont.

Vers 5 et 6 : Notre traduction tente de conserver l'ambiguïté des vers originaux : à cause de l'absence du pronom personnel, on se demande si « gorge frémissante » et « regards tendus » sont ceux du poète ou de la montagne personnifiée. En réalité, le poète cherche justement à suggérer que le grimpeur « fait corps » avec la montagne et vit la vision de la montagne de l'intérieur. Les deux derniers vers se réfèrent à la phrase, dans Mencius : « Lorsque Confucius se trouve sur le sommet du mont T'ai, l'univers lui paraît soudain petit. » Ce poème, le premier connu de Tu Fu, a été composé en 736, lorsque le poète avait vingt-quatre ans.

3. Ce poème et le suivant furent écrits par Tu Fu vers 756, durant la rébellion de An Lu-shan qui ravagea le pays. Le poète fut retenu comme prisonnier dans la capitale dont le nom signifie, comme par ironie : Longue-paix ; tandis que sa femme et ses enfants demeurèrent dans une ville éloignée : Fu-chou.

4. Pai-ti (Empereur Blanc) : ville haut perchée, dominant les gorges du Yang-tse.

5. Poème composé par Tu Fu, à Ch'eng-tu, dans le Ssu-ch'uan, après avoir traversé la terrible période de la rébellion de An Lu-shan, marquée pour lui par la captivité, l'exode et la mort d'un de ses enfants. Alors qu'il se trouvait dans une barque (sur la rivière qui mène à la ville), une nuit de printemps, il assista à l'arrivée de la pluie bienfaisante. Le lendemain, il contempla, ravi, la scène après la pluie : la ville couverte de fleurs rouges toutes gorgées d'eau. Dans le dernier vers, le poète utilise ingénieusement, pour désigner la ville de Ch'eng-tu, une autre appellation de celle-ci : Chin-kuan-ch'eng (Mandarin-vêtu-de-brocart) pour suggérer que lui aussi, lettré en exil, a la joie de s'associer à cette fête printanière.

6. Ce poème et le suivant ont été écrits probablement vers 761, à Ch'eng-tu (au Ssu-ch'uan), où Tu Fu venait de construire sa chaumière. C'est la période la plus heureuse et la plus paisible de sa vie.

7. Ce poème a été adressé par le poète à un de ses cousins qui avait promis de lui envoyer des millets. Tu Fu a souffert de la faim à diverses périodes de sa vie – un de ses fils est mort de faim. Pendant l'exode, pour survivre, il dut se nourrir de fruits sauvages ou de graines laissées dans les champs. Vers la fin de sa vie, notamment au Ssu-ch'uan, il écrit de nombreux vers pour chanter les « nourritures terrestres » : échalotes tachées de rosée, melon à la fraîcheur de cristal, poisson cuit aux aiguilles de pins, etc.

8. Poème écrit par Tu Fu vers la fin de sa vie (probablement en 767), alors qu'il voyageait sur le haut fleuve Yang-tse ; il quitta le Ssu-ch'uan à K'ui-chou pour descendre à Chiang-ling. Au terme de ce voyage, il trouvera la mort, seul sur son bateau.

Dans les vers 3 et 4, les images des astres et de la lune représentent certes les éléments saillants du cosmos, mais symbolisent également la manifestation de l'esprit humain ; car, en Chine, les œuvres immortelles sont comparées au soleil, à la lune et aux astres. Malgré le doute et l'amertume exprimés dans les vers 5 et 6, Tu Fu est confiant en la puissance de la poésie. Dans un autre poème, il dit avec force :

Lorsque je chante, je le sais, dieux et démons sont présents,
Qu'importe si, mourant de faim, mon cadavre bouche un égout !

9. Tu Fu est hanté par l'image du phénix, oiseau légendaire, chargé de croyance religieuse. Dans un long poème « Terrasse du phénix », il se compare lui-même à cet oiseau qui, par sa chair et son sang, soulagerait la souffrance du monde :

Je veux m'ouvrir le cœur et laisser couler le sang
Donnant ainsi à manger et à boire aux délaissés.
Mon cœur sera fruit de bambou qui assouvit
Sans qu'on n'ait plus à chercher d'autres nourritures ;
Mon sang sera fontaine de vin qui désaltère
Plus que les sources près desquelles on se réfugie...

10. On a connaissance d'au moins deux rencontres entre Tu Fu et Li Po, durant lesquelles les deux poètes ont noué une amitié profonde. En 757 (ou 758), pendant la révolte d'An Lu-shan, Li Po, impliqué dans l'affaire du prince Lin, fut condamné à mort, puis au bannissement à Ye-lang, dans une région malsaine (infestée de malaria et de peste) du Yun-nan, Tu Fu, se trouvant alors au Ssu-ch'uan, craignait pour la vie de son ami. Ce poème figure parmi la dizaine de poèmes dans lesquels Tu Fu exprime, outre son amitié et son admiration pour Li Po, sa douleur de voir que le monde hait à mort le génie et que les démons jaloux guettent la chute de l'homme valeureux.

Vers 13 et 14 : Tu Fu, réveillé de son rêve, voit encore la silhouette de son ami, éclairée par la lune.

1. Le plus haut degré de l'examen impérial.

2. Le dernier vers, tel un « arrêt sur image », termine le poème sur deux figures, la montagne et le nuage, lesquelles, par leur charge métaphorique, « en disent plus long » qu'une simple phrase directe. Au premier abord, le nuage, signifiant l'errance, désigne l'homme qui part en barque, et la montagne, signifiant la présence stable et fidèle, la femme. Et le rapport complexe qu'entretiennent montagne et nuage – le nuage naissant du sein de la montagne et l'entourant de tout son corps ; la montagne se fondant dans le nuage et devenant substance fluide, etc. – incarne efficacement les liens tant affectifs que charnels qui unissent les deux êtres. À ce degré d'intimité d'ailleurs, rien n'est plus statique, ni aucun rôle fixe. La femme sur la rive semble murmurer : « Je suis nuage qui vogue et qui t'entourera sans relâche » ; l'homme sur le lac semble, lui, jurer : « Je suis montagne qui demeure et qui te portera sans faille. »

3. *Vers 1 et 6 :* Il y a des termes qui ont un double sens. Dans le vers 1, *T'ai-i* (Suprême-faîte) est à la fois une notion de la spiritualité chinoise et une autre appellation du mont Chung-nan ; *Tien-tu* (Citadelle-céleste) est le nom d'un astre, mais désigne en même temps la capitale des T'ang (le mont Chung-nan que chante le poète se trouve effectivement près de la capitale Ch'ang-an). Dans le vers 6, l'expression « Yin-Yang » fait allusion aussi bien au couple cosmogonique qu'à l'adret et à l'ubac d'une montagne.

À cause du double sens de nombreux termes et de l'ambiguïté syntaxique intentionnelle de certains vers, le poème, de bout en bout, fait confondre deux ordres : l'ordre céleste (Suprême-faîte, Citadelle-céleste, yin-yang, etc.) et l'ordre terrestre (le mont Chung-nan, la capitale Ch'ang-an, ubac et adret, etc.). Le lecteur a l'impression que le poème relate, plus qu'une simple promenade en montagne du poète, la visite du monde terrestre par un Esprit-divin qui, depuis le sommet, descend peu à peu dans la vallée et finit par quêter un gîte humain en s'adressant à un bûcheron.

4. Les vers parallèles 5 et 6, dont la traduction ne marque que l'aspect linéaire, sont à lire simultanément. Ils représentent les

deux dimensions de la vraie vie : action et contemplation (« marcher » et « s'asseoir »). L'homme, engagé dans l'espace et le temps (« lieu » et « moment »), partagé entre vie et mort (« se lever » et « tarir »), doit s'initier à la loi de transformation incarnée par l'eau et le nuage, figures de la Terre et du Ciel, dans leur rapport de devenir réciproque.

Wei Ying-wu

1. Ce poème a pour cadre un monde de solitude et d'abandon. Si les deux premiers vers suggèrent une intimité possible entre le poète et la nature, le vers 3, lui, montre une nature dynamique et indifférente au destin humain (la crue printanière reflète cependant le « flux » des désirs du poète). Le dernier vers, tout en accentuant l'impression de nostalgie et de délaissement, se refuse toutefois à conclure (la barque à la dérive atteindra-t-elle l'autre rive ou se laissera-t-elle entraîner par les flots ?). Nous proposons une lecture parallèle de ce poème avec celle d'un poème de Rimbaud : « Loin des oiseaux, des troupeaux, des villageoises... » (*Une saison en enfer.*) Ce qui serait surtout intéressant à observer, c'est la différence du langage : ici, une expression apparemment impersonnelle et laconique ; là, un discours sans cesse interrogeant.

Hsüan Chueh

1. Dhamarkāya : le corps saint.
2. Tathāgata : le Bouddha.

Chiao Tao

1. Thème important de la poésie chinoise. La visite est souvent l'occasion d'une expérience spirituelle ; l'absence de l'ermite accentue l'écart spirituel entre celui-ci et le visiteur. Dans ce poème, les

quatre vers qui contiennent le renseignement donné par le jeune disciple (renseignement de plus en plus vague) marquent en réalité les quatre étapes dans l'ascension spirituelle du maître : *vers 1* : un lieu habité ; *vers 2* : un chemin ou une voie ; *vers 3* : communion profonde avec la nature ; *vers 4* : esprit complètement détaché.

Po Chü-i

1. *Vers 14 :* Agents de réquisition du palais impérial.

Vers 19 : Indemnité dérisoire dont le charbonnier ne saura que faire.

Li Ho

1. *Vers 2 :* « Rouet » : nom métaphorique pour grillon.

Vers 3 : Avant l'invention du papier au second siècle, les livres étaient écrits sur des morceaux de bambous reliés.

Vers 7 : Pao Chao, poète du Ve siècle qui avait composé un poème intitulé « Lamentation dans un cimetière » dont voici un extrait :

Riches ou pauvres, tous connaîtront le même sort ;
Que leurs désirs soient comblés ou frustrés,
La rosée, en tombant, hâte la fin de l'aube,
Les vagues se précipitent vers la nuit éternelle.

2. *Vers 3 :* Serpent à neuf têtes : cf. Chao-hun dans les « Chants de Ch'u ».

Vers 7 : Homme aux orchidées (= homme vertueux) : cf. *ibid.*

Vers 11 : Li-yang, district dans le An-hui qui se transforma en lac en une nuit. Cf. Huai nantsu.

Vers 14 : Pao Chiao, ermite des Chou qui s'imposa de telles règles de conduite qu'il mourait de faim.

Vers 15 : Yen Hui, le disciple favori de Confucius. Comme Yen Hui, Li Ho eut des cheveux blancs très tôt et mourut jeune.

Vers 21 : Ch'u Yuan (340 ? av. J.-C.) a composé ses « Questions au Ciel » en s'inspirant des fresques qu'il avait vues dans le temple ancestral des rois de Ch'u.

3. En termes véhéments, le poète crie sa rage contre la brièveté de la vie. Il se propose de tuer le dragon (tireur du char solaire), après quoi l'homme retrouvera la plénitude et la paix. Il raille cependant les chercheurs d'immortalité engagés dans des fausses voies, tels que Liu Ch'e (empereur Wu-ti des Han) et Ying Cheng (premier empereur des Ch'in). Ce dernier mourut lors d'un voyage : les ministres qui l'accompagnaient, désireux de garder le secret jusqu'à leur retour à la capitale, firent suivre le carrosse royal de fourgons remplis d'abalones séchées, afin de masquer l'odeur du cadavre en décomposition.

4. Li Ho avait un cousin qui travaillait en qualité de collateur à l'Office du Printemps (sorte de secrétariat au service d'un prince).

Vers 7 : Ching K'o, un « chevalier errant » de l'époque des Royaumes combattants qui s'illustra par un acte de bravoure en tentant d'assassiner l'empereur des Ch'in.

Vers 11 : Liu Pang, le fondateur de la dynastie des Han, tua une fois sur son chemin un serpent géant. Le soir même, une vieille femme apparut dans son rêve, pleurant et se lamentant de ce qu'on avait tué son fils, l'Empereur Blanc de l'Ouest.

Tu Mu

1. Ce poème évoque la vie de « débauche », vie heureuse au demeurant, que le poète a connue à Yang-chou. Remarquons, dans les vers 1 et 2, l'ingénieux enchaînement proprement métonymique de la suite des métaphores : « fleuves-lacs » (errance), « âme noyée » ou « âme en perdition » (vie désœuvrée), « corps légers », (évocation de la célèbre danseuse des Han, au corps si fin, si léger, qu'elle peut exécuter une danse dans la paume ouverte d'un homme).

2. À la mort du roi Shun, ses deux femmes pleurèrent sur la tombe de celui-ci, près du lac Tung-ting. Leurs larmes de sang

laissèrent des empreintes sur les bambous qui y poussaient, d'où l'origine des bambous tachetés. L'une d'elles devait se jeter plus tard dans le fleuve Siang et devenir la Déesse du Siang.

Li Shang-yin

1. Signalons l'importante traduction en cours de la poésie complète de Li Shang-yin par le professeur Yves Hervouet.

2. Le rossignol désigne ici un oiseau migrateur dont la venue et le chant annoncent la fin du printemps.

3. La déesse Ch'ang-ngo déroba la drogue d'immortalité, que Hsi Wang-mu, « la reine mère de l'Occident », avait destinée à son mari Hou Yi, et s'enfuit dans la lune ; elle fut condamnée à y demeurer pour toujours. Ici, allusion possible à une femme recluse (une dame du palais ou une nonne taoïste) avec qui le poète aurait eu un amour interdit.

4. *Vers 7 :* Les îles P'eng-lai, dans la mer Orientale.

Vers 8 : L'Oiseau Vert : messager de Hsi Wang-mu (reine mère de l'Occident, fille du Seigneur céleste et souveraine des lieux où se couche le soleil).

Li Shang-yin a chanté, dans une série de poèmes au ton très allusif, les amours secrètes (avec une dame de la cour ou une nonne taoïste) qu'il avait vécues. Dans ce poème, à l'exception du vers 1, de style parlé, et qui révèle le thème du poème (l'amour et le drame de la séparation), tout le reste est fait d'un réseau d'images et de métaphores, fondé parfois sur des liens phoniques. Dans le vers 3, « ver à soie » *(ts'an)* est homonyme de l'expression « ébats amoureux » *(ts'an-mien)* ; tandis que « fil de soie » *(ssu)* est homonyme du mot « pensée amoureuse » *(ssu)* ; par ailleurs, « fils de soie » entre dans l'expression « fils verts » *(ch'ing-ssu)* qui veut dire « cheveux noirs », d'où l'image de cheveux dans le vers 5. Dans le vers 4, « cendre » *(hui)* entre dans l'expression « cœur brisé » *(hsin-hui)*, laquelle continue donc l'idée d'un amour contrarié contenue dans les vers précédents ; de plus, *hui* (« cendre ») désigne également la couleur grise, d'où l'image de la cou-

237

leur des cheveux qui change dans le vers 5. Toujours dans le vers 4, l'image de la flamme de la bougie renvoie, d'une part, à celle du vent d'est du vers 2 et, d'autre part, à celle de la clarté lunaire du vers 6. L'image de la lune, elle, suscite la figure de la déesse Ch'ang-ngo qui y vit seule ; celle-ci fait penser à la fois à l'amante éloignée et à la possibilité pour les amants de consommer leur amour, par-delà la mort, en un lieu de félicité, hors du temps.

Ainsi, l'ensemble des images et des métaphores qui entretiennent des liens nécessaires entre elles transforme le poème en un drame. Les vers ne sont pas à lire comme une description, mais à vivre comme un acte. Le vers 2, par les images du vent d'est et des fleurs, fait allusion à un amour contrarié, mais suggère aussi un acte sexuel. Les vers 3 et 4, par leur parallélisme, continuent l'idée d'un lien sexuel (cocon et bougie) bien que le thème apparent soit le serment de la fidélité. Les vers 5 et 6 décrivent la séparation, mais insèrent subtilement le destin des amants dans celui de la nature, une nature peu à peu transfigurée. C'est d'ailleurs à la condition de cette transformation que l'échappée dans le rêve est possible. Passant par une série d'étapes à travers l'épreuve du temps, le poème s'ouvre sur l'infini.

5. Le poème a trait à la pensée d'une amante qui ressasse dans la solitude une passion vécue à travers des rencontres furtives.

Vers 1 et 2 décrivent le rideau de lit d'une chambre nuptiale.

Vers 6, 7 et 8 : Certaines images ont une forte connotation sexuelle : « grenade rouge », outre l'idée d'un désir éclaté qu'elle suggère, peut désigner le vin de grenade rouge servi au repas de mariage ; « saules pleureurs » symbolisent le corps d'une femme. Par ailleurs, l'expression « cueillir une branche de saule » voulait dire visiter une courtisane. « Brise du sud » : désir érotique. Cf. les vers de Ts'ao Chih (192-232) :

Je voudrais devenir la brise du sud,
Et souffler loin jusque dans ton sein.

6. Ce poème, le plus « mystérieux » du poète, a suscité de très nombreux commentaires. Nous l'avons longuement analysé dans notre ouvrage *L'Écriture poétique chinoise* (Seuil) ; le lecteur intéressé pourrait le consulter.

Nous avons l'habitude d'associer la lecture de ce poème à celle d'« El Desdichado » de G. de Nerval : même manière de tenter, par le truchement de l'incantation et des images de la réminiscence, de saisir le destin d'une vie vécue ou rêvée, par essence insaisissable.

Wen t'ing-yun

1. Fan Li : après avoir aidé le roi de Yueh à conquérir le royaume, quitta les honneurs pour mener une vie d'errance, en compagnie de sa bien-aimée, dans la région des lacs.

Li Yü

1. Ce poème, dont le thème est une rencontre d'amour secrète, contient de nombreuses allusions : « ondes d'automne » = regard de femme ; « Nuage-pluie » = ébats amoureux ; « Âmes fondues » = extase érotique.

Su Shih

1. Le grand philosophe (IVe siècle avant J.-C.) prônait l'idée de *wu-hua* : la communion totale avec les êtres et la possibilité de se fondre en eux.
2. « Pente-de-l'Est » : nom littéraire du poète.

Feng Chih

1. Signalons l'excellent mémoire présenté par Mmes J. Busuttil et A. Caillaud, consacré aux sonnets de Feng Chih (INALCO).

Ai Ts'ing

1. Signalons l'excellente traduction des poèmes de Ai Ts'ing par Catherine Vignal (F.O.F.).
2. Le terrain d'exécution de Shanghai.

Table

Shitao : la saveur du monde,
Phébus, 1998

Double chant,
Encre marine, 1998, Prix Roger Caillois
rééd. 2000

Quand les pierres font signes,
Voix d'encre, 1997

Souffle-esprit,
Seuil, 1989

De l'arbre et du rocher,
Fata Morgana, 1989

Chu Ta : le Génie du trait,
Phébus, 1986, rééd. 1999

L'Espace du rêve,
Mille ans de peinture chinoise
Phébus, 1980

Vide et Plein,
Le langage pictural chinois,
Seuil, 1979, rééd. 1991

L'Écriture poétique chinoise,
Seuil, 1977, rééd. 1996

EXTRAITS DU CATALOGUE

L'Homme et ses symboles en médecine traditionnelle chinoise,
Dr Jean-Marc Kespi.
Passagère du silence, Fabienne Verdier.

Les Carnets du calligraphe

Poésie chinoise, François Cheng, calligraphies de Fabienne Verdier.

Beau livre

Le Miroir du calligraphe, Shan Sa.
L'Unique Trait de pinceau. Calligraphie, peinture et pensée chinoise, Fabienne
Verdier, préfaces de Cyrille Javary et de Jacques Dars.

Autres collections

Sagesses et malices de la Chine ancienne, Lisa Bresner et Killofer.
Sagesses et malices de Confucius, Maxence Fermine et Olivier Besson.
Paroles du Tao, Marc de Smedt.
Dictionnaire de la civilisation chinoise, collectif (Encyclopédia Universalis).

« *Spiritualités vivantes* »
Collection fondée par Jean Herbert

au format de poche

DERNIERS TITRES PARUS

Composition Nord Compo
Impression CPI Firmin Didot en janvier 2015
Éditions Albin Michel
22, rue Huyghens, 75014 Paris
www.albin-michel.fr
ISBN : 978-2-226-13160-7
ISSN : 0755-1835
N° d'édition : 07296/07 – N° d'impression : 126619
Dépôt légal : février 2002
Imprimé en France.